新装版

仏教語入門

橋本芳契

法藏館

本書は、昭和五八（一九八三）年刊行の『法蔵選書　仏教語入門』第一刷をオンデマンド印刷で再刊したものである。

再刊にあたって、今日の人権意識に照らして好ましくない表現が見られますが、原文の時代背景や著者が差別を助長する意図で使用していないこと、著者が故人となっていることなどを考慮し原文のままといたしました。

序

北陸の地金沢にあって、年来着実に研究と社会教育のしごとを続けていられる元金沢大学教授橋本芳契氏が、こんど京都の法蔵館から「法蔵選書」の一冊として『仏教語入門』を出されることになった。同氏を学生時代から見てきた私として、この書がその方面で多大に世を稗益するであろうことを思うと喜びの念に堪えない。氏は四高(金沢)在学中から郷土の大先輩暁烏敏師から宗教上思想上の感化を受け、東大印度哲学科に進んでからは維摩経の研究に専念した。昭和八年十二月中に大学文学部に提出の卒論題目は「大乗文学運動の思想的理解――特に維摩経を例として――」で、その内容も当時としては出色なものであったと記憶している。大学卒業後は日本文化協会の第一期研究生(三年間)として聖徳太子の三経義疏研究に没頭した。協会へ報告した研究題目は「日本精神史の研究」であったので、その後は奈良平安の仏教から鎌倉仏教に向う研究方向を辿りながらも、維摩経に即する大乗仏教の研究方法が基本的で普遍的なものであっただけに、その後は郷土にあって西田幾多郎・鈴木大拙両博士の頌徳顕彰の運動にも従事する中から、西田哲学について、鈴木禅学についてもユニークな新見解を内外の学界に発表し続けている。

今回の『仏教語入門』は、もと北国新聞に『ぶつごすんげ』の名のもとに十年間にわたり連載したものを集め、改題した形のようであるが、私は毎回同紙を金沢から東京に送っていただいていたから、その内容はほぼ知っている。そういうことよりも氏の根気には、ふだんから感心していた。ひとつには氏の夫人の加勢があるのであろう。富山、福井を含めて北陸人は一般に信仰心あつく、従って人情に富んでいる。私はもとの読売新聞社長正力松太郎さんをよく知っていたが、真宗の信心ぶかい現代の妙好人であったと思う。同氏の出身地は高岡であるが、四高では西田教授が開いた三々塾にいられた由である。西田博士は参禅もしたが、根底的には真宗人であったようである。これも橋本博士がハッキリさせてくれたことである。

仏教に対する世間の要望が内外ともに増している折から、『仏教語入門』のごときが広く読まれて、仏教思想の理解が一段と進むであろうことを衷心お祈りして擱筆するものである。

昭和五十八年四月八日

東京大学名誉教授　文学博士　宮本正尊

目次

Ⅲ おしえ 71

Ⅳ ことば 117

V　てら・儀礼・行

I ほとけ

如来（にょらい）

川端康成さんは、仏典は世界最高の文学であるといわれた。しかし仏典がその用語―仏教語の難解であるため広まらないとすれば惜しい。代表的なものについてだけでもちょっとした理解、寸解《すんげ》をもちたい。解の字は漢音では「カイ」、呉音では「ゲ」である。仏教は中国の南、呉の地方にまず伝わったから仏典は呉音を主として読まれる。反物の呉服は呉の服装なのである。

仏教はことばの通り、仏《ほとけ》の教えで、仏をはなれては語り得ない。仏すなわち仏陀《ぶつだ》であり、原語は buddha（ブッダ）である。覚者の意味。その仏に十号がある。十種の徳号ということで、その第一がじつに「如来」なのである。法華経法師品に「如来の衣を着、如来の室に入り、如来の座に坐す」とある。如来は仏の尊称で、その衣は忍辱《にんにく》のころも、その室は慈悲のへや、その座は法空という真理の座なのである。それらは弘経《ぐきょう》の三軌、つまり仏教の広められる三法則とされる。如来はサンスクリット（インドの原語）で tathāgata（タターガタ）といい、そのうち「タター」はあれこれ物事のあるがままで、それを「如」と訳した。そのあと、「アーガタ」（来る）と「ガタ」（往く）の両義を含めた語を加え一語とした「タターガタ」であるから、如来と訳せるとともに、また如去《にょこ》と訳してもよい語である。仏教のさとりには生死から涅槃《ねはん》の中にいで去る意味がある。けれども真如の道に乗じ、因の修行から果の成仏に達することの本当の意味合いは、やはり

「如来」とて真如から来生するということの方である。如去が智慧の方面であるとすれば、真如来生としての仏《ほとけ》の真の姿は、大慈大悲の如来のなかにあるといえよう。慈悲のない智慧はむしろ苛酷《かこく》である。しかも慈悲にはかならず、正しい智慧がうらづくのである。それで仏の位は大智大悲とも悲智円満ともいわれる。十号の第二以下は、応供《おうぐ》、正遍知《しょうへんち》、明行足《みょうぎょうそく》、善逝《ぜんぜい》、世間解《せけんげ》、無《む》上士《じょうし》、調御丈夫《じょうごじょうぶ》、天人師《てんにんし》、仏世尊《ぶっせそん》であるが、最後の世尊はすなわち釈迦如来（釈尊）のことで、そのはたらきで応身《おうじん》の如来とも申し上げる。ひとたびは仏《ほとけ》になってこの世をあとにされた釈迦仏が、すぐにもさとりの本国をすてて、この娑婆《しゃば》（サハー）世界に応同して人間の姿で現われたところを指す。それに対し如来の如来そのもので現われるところを法身《ほっしん》と申し、真実法性《ほっしょう》の御身で大日如来のごときがそれである。さらに阿弥陀如来は報身《ほうじん》とて、衆生救済の本願によりいま現在、極楽世界にましまし、その修行に尽していられる。称名念仏こそはこの仏からわれらにふり向けられた成仏への大道である。

　仏教は単にことばに終わるものではないが、ひとたびことばを通じて信心の境が開けると、改めてふかくことばがわが身につく。如来の真実信は仏教のスタートであり、如来の光明とそのみ名に包まれた日ぐらしが喜びのうちに迎えられるならば、仏の恩義にむくいられたことになるのであろう。われわれにとどいた仏教には、インドの宗教と中国の道徳と日本の文化とが一つにとけ合っている。現代では欧米の文化までが、さらに新しい仏教の道に役立っている。如来の語義に深く蔵された真理性の実証である。

釈迦（しゃか）

お釈迦さま、仏さまのこと。厳密には、釈迦は古代インドにおける一種族名で、原音は「シャーキヤ」。その種族から出た宗教的偉人が、姓はゴータマ、名はシッダールタ（悉達多）の仏陀《ぶっだ》で、釈迦牟尼《むに》（聖者）の称がある。つまり、釈迦牟尼仏を略して、釈迦仏とも、単に釈迦ともいうわけで、そこにまず深い意味がある。

仏教もしくはインドでは、人生を「生」の時点よりも「死」の時点において重くみる。したがって、釈尊（釈迦仏の中国での呼び方）の死を①西紀前五四四か五四三年、②同四八〇年ごろ、③同三八〇年ごろとする三説にはそれぞれ深い根拠と大きな意味があると見るべく、八十年生きられたという釈迦の誕生年はそれより各八十年さかのぼって知り得るわけである。ちなみに、スリランカはじめの南方仏教圏では、先の第一説が採られ、西洋や今日の日本では第二説を用いる。

釈尊の誕生は、バラモン教による社会統一がくずれ、十六大国が覇を争っている時期で、カピラ城を首都とする釈迦族も、北西インドのコーサラ国の勢威におびやかされていた。南方のマガダ国は、宗教文化が高かったので、出家後の釈尊はそこの首都王舎城に入る。

そこではアーラーラ・カーラーマ、ウッダカ・ラーマプッタの二人が、とりわけ優れた修行者で、まずこれに就いた（都の宗教）。幼児期から禅定（坐禅）の修練を積んでいた釈尊は、その道ではじきに師に追いつく。しかしなお心の不安がとれないので、二十九歳から六年間、ブッダガヤの苦行林でアンニャコンダンニャ（阿若憍陳如）等の五人と共に冥《めい》想と修行を重ねた（森の宗教）が、ついに五人とも離れ独りとなり、三十五歳の十二月八日、暁の明星を見て、開覚する（野の宗教）。先には世間的な学問を捨て、のちまた苦行実践の果てに、その形式主義の限界を見破り、やがて菩提樹の下で無師にして悟りを開き、仏になられた。これが仏教のはじまりである。

釈尊の死後約二百年にして出たアショーカ王は、釈尊を記念する各地において多数の塔を建てた。ルンビニー、ガヤ、クシナガラのほか、釈尊が苦行林での五人の仲間を相手に、最初に法を説いた「初転法輪」の地、ベナレス北方のサルナート（鹿野苑《ろくやおん》）をこれに加えた四つの場所は釈迦の生涯を代表する四霊地として、王舎城、祇園精舎等と共に仏教徒のよく訪れる所である。また鹿野苑では仏（釈迦）、法（中道の教え）、僧（五比丘）の三宝が揃うたものとされる。

釈尊の生涯は「仏伝」の名でしるされる。なかでも一、二世紀ごろのインド文学者馬鳴《めみょう》が書いた「仏所行讃《さん》」は、韻文（うた）の形で釈迦のすべてを美しく歌っている。

人間釈迦という言葉があるけれども、釈迦はすでに仏であって人間ではない。人間でない人間、そこの所に仏教の人間観がある。真実は仏である釈迦が、方便に人間の姿をとって下さった、そこを尊むべきである。仏である釈迦を、いたずらに人間界に引きもどすのではなくして、仏を信じ、それとともにこの世の浄化をはかり、仏国土の実現にいそしむのが真の仏教徒の道であったはずである。南無釈迦牟尼仏。

薬師（やくし）

薬師仏とも言う。薬師は薬師瑠璃光《るりこう》の略。薬師経に、この如来の本願とその国土、御利益《りやく》を説く。同経によると東方に浄瑠璃《じょうるり》世界がありその仏を薬師瑠璃光如来という。この仏がもと菩薩の時十二の大願をおこした。中でも暗がりにある者に光明を与え、垢《よご》れた者に清まりを得させ、とりわけ体に欠陥のある者には我が名（薬師如来という）を聞き次第、その不具から脱出させ、除病息災、もとの身にならせることが本願中の本願として誓われ、その修行にはげんだので、この仏が菩提を得られたのち、ひとびとがあまねくこの如来を信じたてまつり、その名を称した。

薬師経に五種類あるが玄奘三蔵（六〇〇―六六四）が、インドから携えて中国語に訳したものが代表的。薬師瑠璃光如来本願功徳経という。一巻にすぎないが、それだけに力強い記述である。十二神将というのは薬師如来に家来として属し行者を守護する宮毘羅《くびら》以下、十二の夜叉《やしゃ》大将のこと。十二願の一々を担当すると考えればよい。中でも宮毘羅は、金毘羅と同じく航海を守る。

インドに薬王樹というのがあり、この木の光に照らされると、人の腹中も見えるという。レントゲン写真による照射のようなものか。その働きでさまざまな病も治る。

瑠璃光とはそういう治癒力を瑠璃玉の輝きに譬えたのである。瑠璃光如来の滅後、薬上菩薩は兄薬王菩薩とともに、醍醐の上妙薬を正法宣布の僧たちに供養したと伝える。

諸方に薬師堂が建ち、中でも近年西塔の建った奈良の薬師寺が有名。しかし古さでは、日本三戒壇の一つとされる下野（栃木県）薬師寺の方が天智九年（六七〇）で、奈良のより十二年早い。それらは唐で盛んに薬師信仰が行われた影響を受けたもの。

中国にも日本にもこの仏を祭った寺がかず多く、単に薬師寺ばかりでなく、比叡山の根本中堂（延暦寺）のごときにも、伝教大師が刻まれた薬師如来が安置されている。薬師三尊といえば、この仏を中心に日光菩薩と月光菩薩とが両わきに並んだおすがたであるが、それはさとりの知恵を得たものの明るい世界そのものをさす。

薬師はまた医王ともいう。さらに大日如来も釈迦如来もその本願において薬師如来と一つであると説かれる。

地上、いな全地球上のよごれをとり去り、人間のあかを落とす工夫の最もいる現代にあって、静かに仏の本願に向かい、心から祈ることがきわめて大切で、また自然な道であることが肯われる。薬師の世界は、現在の医学や社会福祉、さらに教育などについてもその本当のあり方をふかく示唆しているもののようである。

薬石というと、禅林での夕食のこと。もと夜食が禁じられ、飢えと体温の下がるのを防ぐため、暖めた石を腹部に抱かせた。薬食《やっし》といえば、夕食がわりのかゆのこと。人間は仏の「応病与薬」の力によらないと助からない難病の持ち主である。

十二光仏（じゅうにこうぶつ）

「ひかり」のあるところ、人間は常に明るい。明るいとき人間の心は、いつも安らぎにある。光と明の二字は、無量寿経を貫くすくいの大語である。無量寿仏、すなわち阿弥陀如来のもたらす衆生―まさに一切衆生といって、生きとし生けるもの―への至愛を大悲というが、大悲のゆえに仏はまた大智の存在である。そのわれらにとって測りようのない智慧《ちえ》の光明を、しばらく十二種の名に託して説いたものが十二光仏。

まず総名ともして無量光。かぎりない光明である。二に無辺光。ほとりのない光明、その光の及ばない所は一つもない。三に無礙《むげ》光。それを妨げるものはない。四に無対《むたい》光、対立するものがないから自由である。自由は独立から導かれる。そこにこそ真の平和、平安がある。五に焔王《えんのう》光、ほのおとなって明るく照りかがやく。

さらに、六に清浄光、きよまり切ったむしろ静かな光である。七に歓喜光、よろこびに満ちた光。八に智慧光、かぎりない知恵のはたらきそのもの。九に不断光、とぎれない常照の大光明。十に難思光、思い難いというのは、わが思いも遠く及ばぬというほど広大なこと。十一に無称光、名状しがたい、言いあらわしようがないほどありがたいものであること。そして十二の最終に超日月光。日（太陽）と月との光にも超過したほどの、大きく明るい照り輝きであること。

この十二種の名称で、阿弥陀如来の仏徳を讃歎《さんだん》したことが、大無量寿経に出ているのである。阿弥陀仏は、まさに光明と寿命の両面において「無量」の徳用《とくゆう》（用ははたらき）をそなえさせる仏である。そのうち光明は、超越（外から包む）の方、寿命は内在（内に宿す）の方として考えてよかろう。これらは、うちそとの二つで、しかも根元的には一つのものなのである。

「光明名号顕因縁」（正信偈）といわれたのは、この生死の世界に悲しくもわがいのちを抱きながら、しかも名号をとなえる功徳のお力で、仏のいます無量光明土にいたらされる喜びをあらわしたもの。浄土の法門は、「仏光」といって大空に輝く太陽の光にもまして強く明るく照り輝くみ仏の、物いわねど、われらすべての者の心を吸いよせずにはおかない悲願への、われらの信力のさだめが中心である。

親鸞の「帰命無量寿如来」は阿弥陀仏への絶対信帰であるが、その表白のまま「南無不可思議光」と、十二光の仏徳を「不可思議」の大光明裏に拝んだところに、聖人にまで伝承された讃阿弥陀仏乗の確証がある。ちなみに親鸞によりその五十歳代に作られたと考えられる先の『教行信証』所収「正信念仏偈」（行巻）に対し、八十三歳の時の『浄土文類聚鈔』中に「念仏正信偈」があり、前者が今のように「帰命無量寿如来・南無不可思議光」の二句一行で往相回向を示し、道元の「身心脱落・脱落身心」や、パウロの「すでにわれ生けるに非ず、キリストわれにありて生くるなり」に類するに対し、後者が「西方不可思議尊」の一句において還相回向の趣きを示したに伺えることは、信仰の論理が円環的な展開をとげるものに見られて興味ぶかい。

大日（だいにち）

「大日」は毘盧遮那《びるしゃな》の訳語。「びるしゃな」は光り、輝くもの、つまり太陽を意味する。「日」の一字で、すでに太陽であるから、「大日」ときびしく言うときは「摩訶《まか》びるしゃな」となる。釈尊の仏《ほとけ》としての徳や力を、太陽の広大なめぐみに譬《たと》えて理想化しようとしたもの。

奈良・東大寺の大仏はじめ、日本の諸方の寺にも本尊としてまつられている。とりわけ華厳宗と真言宗とで大切にするが、太陽のめぐみと言うことに気づいてみれば、どの宗派でも礼拝できるはずである。いったい現代人は、太陽をおがむことを忘れておりはしないか。太陽は何も言わない。けれども朝々に、確実に東の空にのぼるではないか。

そして、くらやみのこの世をあかるく照らしだし、一事一物として、その大いなるめぐみに接しないものはない。草木《くさき》もそれによってそだち、人間もその力と光とによって生きている。

何も言わない太陽から、無上の法を得ていく。それが、さとりと言うものであろう。韓国を旅行して、その国花が「木槿《もくげ》」であることを初めて知ったが、木槿は木についた朝顔なのである。

朝を大事にする、太陽の光とめぐみを、すなおにうける。お釈迦さまを地上に誕生なされた太陽とする気持ちのなかに、無限にわれわれにとってのすくいがあるのではないか。阿弥陀仏も「光明てらしてたえざれば」と歌われるところからすれば、すなわち大日如来にほかなるまい。

阿閦（あしゅく）

阿閦とは、一般には聞きなれない仏名であろうが、教理上からは重要である。アクショーブヤ、阿閦鞞《び》という原語は「無動」と訳された。無動如来はもと東方にある妙喜国で、菩薩《ぼさつ》の修行をつみ、のち成仏され、いまも善快《ぜんけ》というその世界で、説法していられるのである。不思議なことに、維摩《ゆいま》居士も、その本国は妙喜国なのである。

阿閦仏のことは、阿弥陀経にも出ている。むかし聖武天皇の皇后の光明皇后が空中の声を聞き、浴室を建てて、千人の垢《あか》を洗おうと誓われ、最後に癩《らい》病患者が来て浴するにあい、乞《こ》われるまま全身のウミを吸われたところ、病人はたちまち光明を放って、端厳な妙相となり、「そなたは阿閦仏の垢を洗われたものである」と言いながら、その姿を消した。皇后は、その地に寺を建て、阿閦寺と称された。仏教は、社会福祉の名と実際で広まってきたものなのである。

金沢は仏教で開けた市街であるから随所に古い信仰の跡がみられる。犀川べりで桜橋から寺町へ通ずる坂道のガケ下に、滝壺《つぼ》を前にして、不動明王が祭られている。不動は無動と同義で、やはり阿閦であり、動揺しない、震動の中にありながら動乱しないこと。不動心という。明王の明は「真言」のことでそれを保って、乱れないこと、王者のごとくであるのである。東方の医王山に正対して安置されたこの不動明王には、現在も香華をささげる人が絶えない。

菩薩（ぼさつ）

原語はサンスクリットで「ボーディサットヴァ」という。これに菩提薩埵《ぼだいさった》の四字を当て（それを音写という）たうち、第一と第三の両字だけを合わせて菩薩の一語にしたもの。ボーディ（菩提）は「さとり」（自覚）、サットヴァ（薩埵）は「ひと」（人間）のこと。

つまり人間にして自覚の道を歩むほどの者であればみな菩薩であるから、その意味はきわめて広く大きい。これに二種ある。従因向果と言って人間から仏果に向かう修行者のすがたと、従果向因と言って成仏した「ほとけ」が人間に向かわれるすがたとである。観音《かんのん》とか文殊《もんじゅ》とかは、すでに仏位に達した菩薩が慈悲や智慧《ちえ》の徳で再び世界救済のために人間の形をとって働かれる。

釈迦仏の両わきには文殊と普賢《ふげん》がおられ、阿弥陀《あみだ》仏の左右には観音と勢至《せいし》が立たれる。普賢は行願（行動）の徳、勢至も智慧のはたらきでそれぞれ本尊仏に協力する。慈悲は愛、智慧は理性ともいえようが、理性だけに過ぎると人間は酷となり、愛だけに片寄ると愚になり盲目になる。行動だけではなおさらによくない。すべての徳が合わされねばならぬ。

仏教の趣意は不偏の中道ではあるが、片寄らないままになお自由に片寄れる独立した具体的現実的なものをもっている。人間自己を菩薩などとは思い上がりもはなはだしいが、菩薩への道は万人に開放されている。つねに仏菩薩と一緒であることが仏教信仰の実際であろう。

観音・勢至（かんのん・せいし）

「浄土和讃」に、

観音勢至もろともに
慈光世界を照曜し
有縁《うえん》を度してしばらくも
休息《くそく》あることなかりけり

と歌われてある。観音菩薩、勢至菩薩が、一緒になって明るいおすくいの姿を現わされるなかから、だれもがそのお力でたすかると申される。いま一首、

弥陀観音大勢至
大願のふねに乗じてぞ
生死のうみに浮かみつつ
有情をよぼうて乗せたもう

というのがある。観音さま、勢至さまのまん中には阿弥陀如来がいられる。弥陀三尊と申す。三尊一体となり、生死の大海にさまよう有情《うじょう》（人間）ひとりひとりを、願船のなかにすくい入れるに力を合わされる。

観音（観世音）はアヴァローキテーシュヴァラとて、世界（ローカ）中にみちたうったえ声（音）を観《み》られる。弥陀如来の左わきにあられる。また大勢至はマハースターマプラープタとて、阿弥陀仏の右わきにあり、大きな知恵のはたらきを示される。知恵はたとえば材木を切る鋸《のこぎり》のように、人間の身と心にからみつく煩悩の苦とよごれを、いつか、すり減らし、けしおとす力とはたらきである。それにくらべ、さきの観音は、慈悲道であり男ばたらきである。女性は知恵の座にあってかくれるが、観音は本来男性愛であるから表立つ。ただ世間のもとめに応じ、しばらく女の姿で現われていられるだけ。

知恵はゆるさない批判の厳しい面が特色であるのに対し、慈悲は与えつくすめぐみがその凡《すべ》て。観音のかげに勢至の正しいたすけがあってこそ、弥陀如来の本願は成就される。

今日も、ただいまも休むことなく、父とし母としての観音勢至のはたらきが大空をとび、大海をくぐってわれらのいのちを、夜ひるお見守りあられる。われら生きるいのち終わっても、弥陀大悲の業力《ごうりき》に帰したまま、仏光中におさめとられ、この世にありて永くはたらく。

仏教において菩薩中に男性的なはたらきと女性的なはたらきの別を見ることは、より一般的で、例えば維摩経の観衆生品の偈に、「もろもろの菩薩にとって、知恵のパーラミターが母、方便に巧みなことが父。世の指導者である菩薩は、その父母の間に生まれる」等とある。

中国本土の仏教は、仏跡巡拝する日本人の真剣な姿で復興の機縁にある。とりわけ浙江省東方海中の普陀山《ふださん》は観音示現の霊場で、島全体に二百余の寺院が昔ながらに荒らされずにあると聞く。

弥勒（みろく）

インドの原語は「マイトレーヤ」もとは弥勒耶などと訳したことであろうが、耶が落ちて弥勒の二字だけで通用した。語義が「慈悲」の意味であることに注意したい。慈悲というものは人間ばかりでない、動植物すべての生命にかかわる。「弥勒菩薩は釈尊の死後五十六億七千万年目にこの世に現れ、釈尊在世中その説法を聞きそこねたひとを救う。それまで兜率《とそつ》天にいる。兜率（ツシタ）は「足るを知る」という意味。

もと菩薩は南インドのバラモンの出で、すでに兜率天に上生したのであるからそこから再び下生するわけであり、一切衆生をすくうことがその目的である。

京都太秦《うずまさ》の広隆寺に弥勒思惟の像というのがあり、実存哲学者ヤスパースが自分の理想像と激賞した。その思惟は弥陀仏の五劫《こう》の長時にわたったそれと同じで衆生救済のため、仏菩薩《ぼさつ》があらん限りその知恵をみがいたことである。

さて知恵は存在の充足であり慈悲は時間の充足である。ハイデッガーは始めに『存在と時間』という本を書き、後また『時間と存在』という本を書こうとした。時間を基準に生命を考えるのが仏教や東洋の論理で、存在を基準にした欧米のそれは、しだいに一つの破綻《たん》を見せているのではないか。

弥勒は仏典では菩提《ぼだい》の人とされる。さとりは時間の充足で、ひとびとにそれを得させるのが慈悲の実体である。他力ということは慈悲道について真にいえることである。弥勒の名で本願こそ語られないが、弥勒信仰が広まっていたおかげで阿弥陀仏の理解の早かったことも事実である。

弥勒菩薩は一生補処《いっしょうふしょ》（エーカジャーティ・プラティバッダ）とて、わずかに一生だけ繫縛《けばく》され、次に仏の位処を補うものとすることから、菩薩中では最高位にあり、その次生には今の兜率天からこの人界に下生し、釈迦の仏処を充足する点で、同じく維摩経では釈尊から維摩居士の病気見舞に赴く菩薩方の中の筆頭とされている。けれどもこの菩薩は、かつてそうした成仏の予言のことで居士からやりこめられたことがあると言って力量及ばぬを理由に、これをおことわりする。その時の菩薩の告白中に、維摩が、「マイトレーヤよ、あなたが悟りに到達するならば、そのときにはあらゆる衆生も同じく悟りに到達するでしょう。何となれば、あらゆる衆生によって理解されること、それこそが菩提（さとり）であるから。あなたが完全な涅槃《ねはん》にはいるとき、そのときにはあらゆる衆生も完全な涅槃にはいるでしょう。何となれば、あらゆる衆生が完全な涅槃にはいらないかぎり、如来も完全な涅槃にははいらないから」等とのべて、無量寿経における法蔵菩薩の、したがって阿弥陀仏の本願と同じ趣意で語られていることは、維摩経が浄土経典に深い類縁をもつ経であることの一証として注目すべきことに思われる。

天親菩薩の兄・無着菩薩の師匠の名も弥勒であるが、この方は歴史上の人物である。信仰上の弥勒には永遠にこの地上を浄化させ、全人類を成仏させる意味がつきまとっているようである。

地蔵尊（じぞうそん）

地蔵菩薩のこと。尊は崇拝の対象につけていう。インドで「クシティガルバ」と称したものの漢訳が地蔵の語。クシティは大地、国土の意味。ガルバは胎盤、内蔵の意味で、あわせて生命の根源の義。釈尊が、この名の菩薩にたのみをなされて、弥勒菩薩が（釈尊に次いで）この世に仏と現れるまで無仏の間、声聞《しょうもん》（比丘）の形で、六道の衆生を守ってほしいと請われた。延命地蔵経というお経に出る。

それで六地蔵とは、①地獄を化す檀陀《だんだ》地蔵、②餓鬼道を化す宝珠地蔵、③畜生道を化す宝印地蔵、④阿修羅道を化す持地地蔵、⑤人間世界を化す除蓋障《じょがいしょう》地蔵、⑥天道を化す日光地蔵である。地蔵仏と言わないところに、かえって地蔵尊の永遠にかくれて仏の救いを及ぼされる意味がある。

インドでは六世紀初めのグプタ王朝のとき、エフタル民族が北印の仏教徒に対し破壊作用をした社会的現実から、仏教界に七世紀半ば「大日経」ができ、それに含めて地蔵信仰のもとになる地蔵本願経が現われたとする。

教理的には、法身《ほっしん》如来蔵が地蔵の位で、曼荼羅《まんだら》（密教）では胎蔵界地蔵院の主尊。蓮華《れんげ》上に旗を立てたのを左手にし、右手は宝珠を載せて胸に当てる。のちには剃髪した比丘の姿で左手に宝珠、右手に錫杖《しゃくじょう》を執る形に変わる。変わったのは中国では唐末、日本では平安中期からであるが、仏菩薩は庶民のもとめに応じ、形を自由になされる。それが信仰の実際である。

インドからヒマラヤを越え、天山南道を通り、中国へ入った地蔵信仰は、「地蔵十王経」の形で現われ、罪障の衆生を訶責《かしやく》するとする閻魔十王の信仰と結ばれた。したがって地蔵信仰は民間信仰にとけこみ、ことに唐の信行はそういう民間信仰のはじまりをなしていた人で、その系列において浄土教信仰と平行した庶民的俗信としての中国・朝鮮・日本において盛んになった地蔵尊信仰の由来を考えることができよう。

日本では道祖神や境神（さえのかみ）の信仰と結合して、村境や辻に多く地蔵堂が建てられるに至った。火葬場（無常堂）の近辺に建ったその堂内に安置される地蔵尊には、死者を無事に冥界に送り届ける意味があるものであろう。

地蔵尊は賽《さい》の河原の救護者で「十《とう》にも満たぬみどり児《ご》が、河原の石を積んで、この世の父・母への回向《えこう》にするのを、日の暮れに出た地獄の鬼がガラリとそれをこわす。すると現われなさった地蔵尊が、衣の裾《すそ》にその児らをかくし守られる」という。涙せずにおれない物語。観音さんには空も飛ぶ勢いがあるが、地蔵さんは黙々と大地をながめて、いのちを充足せしめられる。農業にも水産業にも欠かせぬ生産のお守りであるから、九月（旧暦の八月）二十四日に地蔵祭をする。地蔵盆ともいう。

先のように子守り、子育て、子安《こやす》の意味のほか、延命や勝軍（軍神）の地蔵説もある。さらに妙幢《みようどう》（不思議な力の旗）、持地、宝手の異称も地蔵尊にある。

四天王（してんのう）

仏法に帰衣《きえ》するひとを守る四体の神さま。古代インドの神話で、須弥山《しゅみせん》の中腹にユガンダラという山があり、その四方に持国《じこく》―東方、増長《ぞうちょう》―南方、広目《こうもく》―西方、多聞《たもん》（毘沙門《びしゃもん》）―北方の四神があって、上は帝釈天《たいしゃく》につかえ、下は八部衆を支配すると説く。

大阪の四天王寺は、聖徳太子が朝鮮半島から渡った仏教を日本に広めるについて、はじめ反対があったとき、四天王に祈って勝てた記念に建てられた寺とする。いまでも韓国を旅行すると、諸方の大寺に四天王のまつられているのが見られる。日本にも仁王《におう》（左は密迹《みつじゃく》、右は那羅延《ならえん》の二金剛）とならべてかず多く彫刻された。そういう守護神として崇拝され、また愛好されたなごりから、のちには、その道その道において傑出した部類のひと四人をあげて「四天王」と称するに至った。歌道では頓阿・兼好・浄弁・慶運の四人、信長の下では柴田勝家・滝川一益・丹羽長秀・明智光秀の四人のごときである。明治の清沢満之の浩々洞《こうこうどう》では佐々木月樵・多田鼎・暁烏敏の三羽烏に加えて曾我量深の四人をもって四天王にかぞえた。

科学の時代である現代には、四天王信仰のごときはつくりごとにしか思えないかもしれない。けれども、科学の根本である合理化精神が人間的なものであるだけ、謙虚に大自然の霊妙さに帰服することがいるであろう。東をものの維持と発展に、南を深化と啓培《けいばい》に、西を収納と啓発に、そして北を光輝と形成に当てた理解には、天地のめぐりゆきについての素直な発見がこめられている。青少年の教育にも、仏像の真義にもとづくその意味のわからせ方があってほしい。持国・増長・広目そして多聞、ことに多聞天は「常に如来の道場を守護して法を聞くことが多い」(広辞苑)という位で、四天王いずれも雄大な文化活動を象徴したものといえよう。

大阪市天王寺区元町にあるもと天台宗、戦後独立本山となって和宗を称した右の四天王寺は、荒陵山敬田院と号した。古く荒陵寺・難波寺・御津寺・護国大寺・堀江寺などの名で知られ、一般には天王寺である。日本最古の寺の一つである。さきのように仏教が日本に渡来した当初、四天王に祈願した利益で仏教支持派が反対派の物部守屋の乱に勝てたので、五八七(用明二)年玉造の岸(いまの大阪城付近)に四天王像を安置したのがはじまりという。五九三年現在の地に移され、金堂を〈四天王寺敬田院〉と称した。寺域に貧窮者のため〈悲田〉、薬をつくりほどこす〈施薬〉、病人のための〈療病〉の三院を併置し、これら四ヶ院制で太子の理想である仏教精神の発揚と社会救済事業をおこなった。四天王寺は八三六(承和三)年落雷による火災以来、織田信長、徳川家康の放火などで、幾度も焼失したが、その都度復旧したのは不思議な位である。昭和までの堂塔は一八一二(文化九)年再建のもので、八八棟の堂舎をかかえたが、昭和九年の大風で五重塔・仁王門が倒れ、十五年の再建後まもなく昭和二十年の戦災で六時堂・本坊以外の重要な建物は皆焼失したのに、戦後は鉄筋コンクリート造で皆順次再建されて創立当時の壮観にもどった。これみな四天王の霊験と太子のご遺徳のたまものとするのほかない。

弁才天（べんざいてん）

弁財天、単に弁天さまともいう。日本では七福神、つまり恵比須《えびす》・大黒《だいこく》・布袋《ほてい》・福禄寿《ふくろくじゅ》・毘沙門《びしゃもん》・寿老人《じゅろうじん》に加えて、この天（天はインドでデーヴァと言い、神さまのこと）をまつる。福禄寿と寿老人とは似ているので、どちらかを省き吉祥天《きちじょうてん》を加えることがあるが、これまた弁天才と混同されることもある。両者いずれも天女（女神）であるからである。

ヒマラヤから流れ出るインダス河は、インドで太古から最も神聖な川とされた。洋々と流れる湖水のごとくに広いこの川の豊かな水音を、サラスヴァティー（それが弁才の意味）とたたえた。これを妙音、美音と中国語に訳したのがはじまりで、経典に「仏説弁才天経」というのがある。羅什《らじゅう》訳とされるが、即身貧転《そくじんひんてん》福徳円満、宇賀神将《うがじんしょう》、菩薩《ぼさつ》白蛇示現《はくじゃじげん》、三日成就《さんにちじょうじゅ》という長い経題から察すると、神仏習合により平安期中ごろ日本で作られたものにちがいない。

宇賀はもと「うけ」で、食べ物のこと。その宇賀の神が蛇形に変じて人目についた。先の弁才天経は沙羅林で説かれた宇賀の経で、ほかに竹林（王舎城）と舎衛国とで説かれた同じく宇賀の経があり、三部で一体とする。いずれも俗信である。庶民信仰になると、いろいろな混同と短絡がある。しかし学問的には許されなくても、信仰上の事実は尊ばねばならない。

インド教では、梵天《ぼんてん》の両わきにシヴァとヴィシュヌの両天を置き、三位一体とするが、ヴィシュヌ天の妃ラクシュミーが、吉祥天なのである。したがって弁才天と吉祥天は、はっきり由来が違うが、絵姿が似ているので一緒に考えられたのであろう。

また、弁才の才に「財」の字を当てて、本来、弁舌、音楽、学芸等の才に限られていたものを、財物はじめ広くこの世における福徳を得る信仰にまで高められた。琵琶湖竹生島、相模の江の島、奈良霊山寺の三弁才天は昔から参詣が多い。弁天信仰の利益《りやく》は、神通、知恵、弁才の三を初めとして、延寿、財宝所得および天災地変の除滅、また戦勝にあるといわれる。経典では金光明最勝王経に根拠があり、教理的にはインドのプラーナ文学神話などに遠くもとづき、よしんば先のように日本化されたところが著しくても、すべてがことわりをはずれたものではむろんない。

現代では仏教の図像学的方面からの研究が盛んになった。これまで断片的、個別的にのみ理解されがちであった諸種の仏教図像も、そのもとをただし、またその形成的関連のあとをさぐっていくと、意外にその由来が正しく、縦横のつながりも広いものであることがわかってきた。弁才天のごときもインドの「リグ・ヴェーダ」以来の崇敬を受けてきたもので、のちのブラーフマナ神話中の学問・技芸の神、ヴァーチュ神が仏教内にとり入れられ、雄弁と智慧の保護をしてくれる神になったものであると知れた。ただ仏教ではインド教等とちがって絶対者としての人格神を認めないから、諸種の天部の神々も、要するに仏法を守護する神として扱われてきた。日本にはまた固有の神信仰があったから、それとも結ばれて芸術、文学等にも多くの神々が登場しているので、俗間の信仰に対すると同様、それらのものを明るく見ていかねばならない。

Ⅱ ひと

雪山童子（せっせんどうじ）

釈尊が過去世に菩薩行（仏になる道の実践）を修められた時の名。雪山大士《だいじ》、雪山バラモンともいう。雪山とはヒマーラヤ山脈のことで、一番高い峰《みね》がエベレストであるのは言うまでもない。その山脈中で、まだ仏になられる以前のお釈迦さまが修行をつんでいられた。童子はクマーラの訳語で、出家した幼童のこと。心に婬《いん》欲の思いがないから、清浄心の出家者のことも童子という。釈尊がご自身の身の上を語られるのを本生《ほんしょう》というが、雪山についてのお話は次のようであった。過去世に仏の光が、いまださなかった暗い世に、私はバラモンになって雪山中に住していた。その山は清らかで水の流れも澄み、木々も富んでその木の実を食べ、何年も坐禅して思いを重ねたが、ついぞ如来大乗のおしえは聞かなかった。するとある日、釈提桓因《しゃくだいかんいん》（帝釈天）が身を変えて羅刹《らせつ》（鬼）の姿になり雪山まで下った。そして「諸行無常、是生滅法」（いろはにほへど、ちりぬるを、わがよたれぞ、つねならむ）の半偈《げ》を述べた。

これを聞いて心に喜びを生じ四方を見まわすが、だれもいない。ただ羅刹が立っているだけ。そのかたちは恐ろしいが、近づいて「どこで今の偈《うた》を得ましたか」ときく。ただ答えて「幾日も食べぬので体が苦しい」と。わたし「もし自分のために歌のすべてを聞かせてくれれば、そなたの弟子にもなろうのに、どんなわけで歌わないのですか」と。羅刹「人間の肉を食べ、人間の血をすりたい」と。わたし「あとの半偈を聞かせてくれれば、この身を与えましょうぞ。」こう申しながら着ていた鹿衣を脱いで法座にすると、それに上がって羅刹は次のように説いた。

「生滅滅已、寂滅為楽」（うゐのおくやま、けふこえて、あさきゆめみじ、ゑひもせず）。私はあたり一面の石に木に、壁にも道にもこれを書きしるし、さて高樹から投身しようとすると、それが地につかぬうちに空に声がし、鬼は帝釈天に戻り、私を空中で受けとめ、安らかに地上に立たせた。釈提桓因と諸天人は私をほめ「これぞまことの菩薩なるぞ、未来に必ずおさとりを開かれよう」と申した、と。

物語はだれも知ることながら、雪山童子が真に「世間の無常につけて仏法の永遠なる」ことの道理（大乗）を、初めてこの世のものにして下されたご恩徳への謝意は薄い。ましてや真実の仏法僧を現代苦のなかに聴き明かそうとする思いは、いっそう浅いのでないかと反省する。

序でに、雪山童子にまつわる「施身聞偈《せしんもんげ》」の図の描かれた法隆寺玉虫の厨子《ずし》について一言しておこう。厨子は宮殿型、台座付き二層のもの。装飾の透金具の下に玉虫の翅鞘《ししょう》が伏せられたところからその名がある。建築史的に、絵画史的に極めて重要とされている。上層の宮殿部と下層の須弥座の黒漆地に、赤・緑・黄の三色で装飾画図様が描かれている。宮殿部正面扉は武装の天王、左右扉は菩薩、背面が三宝塔の現出した霊山である。須弥座は正面が舎利供養（金光明経捨身品）、向かって右側面は捨身飼虎（同上）、同左は正に施身聞偈（涅槃経聖行品）で、背面には天人や霊鳥の飛ぶ須弥山の状である。飛鳥美術の中にとけこんだ雪山童子には永遠の光彩がある。

十大弟子（じゅうだいでし）

お釈迦さまのお弟子として常時したがった千人余り（経典には千二百五十人）のうち、特に代表的な十人の大弟子をいう。維摩《ゆいま》経に示されているが、並べ方にも深い意味があったと思える。

第一舎利弗《しゃりほつ》。知恵第一といわれ、真に第一番の弟子。どんな疑いをもたちどころに解いた。

第二目犍連《もっけんれん》。神通第一といわれ、神足もかろやかにどこへも飛んでいけ、人助けをした。大目犍連とも、単に目連ともいった。

第三摩訶迦葉《まかかしょう》。頭陀《ずだ》（仏道修行において衣食住の三方面にわたり、少欲知足といって、最少限のあてがいで辛抱できることをいう）で第一。よく苦行に耐えつつ伝道した。釈尊生前中、すでに舎利弗・目犍連は死去していたので、この人が入滅後の教団を責任をもってとりしきる。

第四須菩提《しゅぼだい》。解空第一、すなわち一切皆空のことわりを修得しながら、これを解明することに第一の人であった。般若《はんにゃ》思想の元祖といえる。

第五富楼那弥多羅尼子《ふるなみたらにし》は、説法第一といわれ、それのできた根本は、義理の分別力が確かであったことによる。

第六摩訶迦旃延《まかかせんねん》。論議第一といわれ、道教（真理）を論じていつもひけをとらなかった。

第七阿那律《あなりつ》で、天眼《てんげん》第一。よく十方世界を見ることができたという。現代の科学者にも天眼の人は多々あろう。天眼は生得と修得に区別されるが、修生不二が理想である。

第八優波離《うぱり》は持律（戒律保持）で第一。

第九羅睺羅《らごら》は密行《みつぎょう》（戒の微細な護持）で第一。もともと釈迦の子として生まれながら、出家して仏弟子の仲間入りをし、戒律の項目どおりの日暮らしをした人のようである。

第十阿難《あなん》は多聞第一。釈尊の死に至るまで常随した忠実な人。時を知り、物を明らかにし、釈尊からお聞きしえたすべてを暗記。乞われるままに述べえたから、今のごとく仏教が残りえた。

十大弟子は仏弟子のもつべき最高の宗教道徳を、十人の実在した大高弟のすぐれた人柄に託して表明したもの。維摩経に登場した十大弟子を見るのに、十人の何れもそれぞれ意味ある役割や発言をなしているといえるが、中でも舎利弗、大迦葉および阿難の三人に特に注意すべきであろう。舎利弗は、観衆生品第七で天女がふりかけた花びらを不浄なものとしてはらい落そうとして、花をけがらわしい物とするその心が虚妄分別とて、まちがいのしわざであると天女からさとされる。さらに問疾品第五では方丈に維摩を見舞うた菩薩はじめの一同の座席を案じ、同じく香積仏品第十ではその一同の食事を案じて、座席よりも、食事よりも聞法求法の方が優先するものとたしなめられる役目を受持った。また大迦葉は釈尊亡きのちは教団の代表者になった程の人（舎利弗、目連すでになし）であるだけ小乗羅漢の代表としてしばしば自らの大乗に及ばないことを慨くひととして登場している。阿難のごときは終生仏辺にあって常随近侍した人だけに、方丈の間における維摩居士による種々な奇跡の意味を大衆に代って問うて一般的理解を助けている。

舎利弗（しゃりほつ）

お釈迦さまの十大弟子中、一番目のひと。智慧のすぐれたことで知られる。シャーリプトラがインドの原名、シャーリーは母の名。「からだ」という意味もあるので「身」と訳すこともある。またプトラは「子」の意味で、したがって舎利弗を「身子」とも訳した。しかし一般には舎利弗のその名のままで親しまれ、阿弥陀経では、仏《ほとけ》さまから舎利弗、舎利弗とお呼びかけを受けている。マガダ国王舎城の北方ナラ村の生れで、はじめ隣村の目連《もくれん》と一緒に外道《げどう》（仏教外の宗教）のサンジャヤに従って各々百人の弟子があった。けれども釈尊成道ののち、いくばくもなく相共にその弟子になった。舎利弗は法王子とまで尊敬されたが、目連同様、釈尊ご生前に亡くなったことが惜しまれる。

ある日、ヴェーサーリーでの説法で釈尊が、「心が清ければ国土も清らかである」と申された。それを聞いた舎利弗は内心に、仏《ほとけ》さまがまだ菩薩でいられた時分、そのお心がよごれていられて、この娑婆《しゃば》世界がかくもきたないのであるかと考える。お釈迦さまはその思いを見ぬいて、トンと、能舞台で役者が床に足踏みするように地面を足指で強く押されると、この世界がいちどきに極楽のように明るくなり、舎利弗自身まで蓮《はす》のうてなに乗せられていた。そういう所にお浄土が仏から授けられた信心の智慧によって開けることがわかる。

羅睺羅（らごら）

お釈迦さまがまだ太子でいらした時の長子。羅睺羅の原語は「ラーフラ」で日食、月食などの「食」の意味。仏《ほとけ》の釈尊に人の子があり得たのは、全くありがたい。けれども親としては常にわが子に心ひかれ、また乱される。ラーフラの命名には出家―苦行―成道を通じての、釈尊の限りない人間苦と衆生愛とが寓《ぐう》せられたものと考える。法華経の人記品《にんきほん》第九には、阿難と羅睺羅の二人が、成仏の予言を仏に求めてこれを授かる。居合わせた二千人の有学、無学の弟子たちもそれを聞いて、心がおどり上がったとしてある。羅睺羅と同年齢の阿難は釈尊のいとこであったが、出家してブッダに最後まで常随の比丘《びく》となった。

成道後六年目に釈尊がカピラ城に帰り、父王にあいさつした折、舎利弗《しゃりほつ》を和尚、目連を阿闍梨《あじゃり》（教授）として、羅睺羅は最初の沙弥《しゃみ》（小僧）になった。

大乗教典では出家を有所得《うしょとく》（役立ちがある）に解することを排し、かえって在家の身にありながら成仏の道に志すことを尊んでいる。特に聖徳太子の採られた法華経、維摩経のごときがそれで、先の人記品では羅睺羅は如来になるものと示され、しかも常に諸仏の長子としてその姿を現すと語られている。徹底して言えば、いたずらに出家を排するのが真の在家仏教ではないし、在家の姿の中にふかく出家の心をひそめ得て、めでたく成仏できてこそ真仏教であろう。

アショーカ王

阿育《あいく》王と書く。釈尊より二百年ばかりのちインドに出た王さま。大王の称があるほどで、広くて古いインドの国情のなか、初めて大帝国―マウルヤ（孔雀）王朝―に統一した。父はビンドゥサーラ、祖父はチャンドラグプタという。『阿育王伝』（異訳阿育王経）にその伝記が載るが、別に『阿育王息壊目《えもく》因縁経』がある。後者には、王の息子ダルマヴァルダナの容ぼうをねたんだ王の夫人が、その太子の両眼をえぐり取ったという悲しい物語が見える。

王の在位は、西紀前二七三年（もしくは二六九年）から約四十年間で、即位九年目に隣国を征服した。よほどむごたらしい戦争であったらしく、十万人が殺され、それに数倍する人が死に、十五万の捕虜は他に移されたと伝える。しかし、その悲惨さについての悔恨と反省とが、ついに王の目を宗教に向かわせる。前二六〇年ごろに王は仏教に帰依し、以来ルンビニー（釈尊生誕地）、サールナート（最初の説法地）はじめの仏教遺跡を復興し、全国諸要地に八万四千といわれる石柱の記念塔を建立。また、平和と道徳の実践を求める法勅を石柱に刻むこともした。仏教精神による国治の根本方策は、のち遠くわが国の聖徳太子によってならわれた。

王の統治十七年目に首都で行なわれた仏教徒会議は、三回目のものであった。一回目は釈尊死去に伴う教団整備、第二回のは教団開放派による革新運動であった。これに対し三回目は、出家専門家の仏教以外に在家主義を広くうたったところに特色があった。やがてそれが、大乗仏教の旗揚げへのきっかけになるのである。王はまた、弟（息子ともいう）らをセイロン島（今のスリランカ国）に派遣して仏教を広めさせた。それはなお、出家専門の仏教（上座部）で、仏教史では「南伝」といわれ、やがて海路タイ、カンボジア、ビルマ等にまで運ばれた。

最近の研究では、前記アショーカの息子ダルマヴァルダナ（クナーラ）を王の夫人たる継母が盲目にしたということを、中国の伝承では、クナーラは盲目にされたのではなく、クチャに追放され、そこで彼は王朝をうちたて、それでクチャ王朝の血統はアショーカ王の後裔にあたるものとされていると、これまでのインドの伝承を改めている。クチャは紀元後四世紀に有名なクマーラジーヴァ（鳩摩羅什）が出て人民を仏教徒に改宗させた土地である。

アショーカ王は帝国の南北各地に大小の磨崖法勅と石柱勅を彫り掲げたが、また多数の仏跡顕彰の石柱を建て、中でも仏誕の地ルンビニーに立てたものは、ブラーフミー文字で書かれ、その碑文はインダス文明の文字を除くと、インド現存最古の碑文に属するものとされる。とにかく釈尊当時のビンビサーラ王（王舎城）以来引続き行なわれていた苛酷な各種の刑罰の方法を都をパータリプトラに移したアショーカ王は全廃して、平和と法治を標榜した非暴力の信念による「敬すべき法」の流布に専念したのである。仏教も王の力によってこそはじめて世界的な広まりをなすもといを定めたものであった。王ののち三百年、クシャーナ王朝の時、カニシカ王が第四回目の結集（大乗仏教）をするのである。

鳩摩羅什（くまらじゅう）

朝夕に読む阿弥陀経や法華経の翻訳者。父クマーラヤーナはもとインドの宰相であったが、出家して西域の亀茲《きじ》（クチャ）国にまで布教し、国王の師ともなり、やがて王妹ジーヴァに求められて結婚した。二人の間に生まれたのが、クマーラジーヴァ、鳩摩羅什なのである。

羅什は西紀三四四年に生まれ、七歳で出家。九歳のとき母とともに北インド辺りに赴き、仏教を広く学んだのち、十二歳で帰国する。羅什の中年に達したころ前秦の苻堅《ふけん》王が亀茲に攻め入り戦勝ののち羅什を連れもどった。

そうすることによって国内に仏教を広めようとしたのであるが、四世紀の終わりに同国は滅亡。そこで初めて姚秦《ようしん》王の迎えで、羅什は関内（中国本土）に入り、長安（今の西安）に住することができた。しかし、すでに五十七歳の三蔵（高徳の学僧のこと）は、入寂するまでの十三年間、もっぱら大小の代表的経典の翻訳に尽くし、のち中国が上下をあげての仏教国たる基礎をなした。

さきに苻堅王が、三蔵を戦利品のごとくおさめ取ったのは、すでに羅什の令名が西域全体に高かったからである。苻堅の将軍呂光《ろこう》は、亀茲王に反抗を思いとどまらせようとした羅什の功を徳とし、亀茲王の王女を強いてめとらせていた。それで羅什の仏教には、在家仏教の意味がある。

一面また羅什は、最も弟子に恵まれた人でもあった。門下三千余人というが、中でも道融《どうゆう》、僧《そう》叡《えい》、僧肇《そうじょう》、道生《どうしょう》は、関中の四傑と称せられる。これらの人にも大いに助けられ羅什が漢訳した仏典は総数三十五部、二百九十七巻とも、それ以上ともいう。

それから百五十年後の盛唐期に玄奘《げんじょう》三蔵が出て、再び盛大に仏典を漢訳するが、その方を新訳というのに対し、それ以前の羅什のを含めた分を旧訳《くやく》という。般若心経のごときは新訳で読むが、前記の如く阿弥陀経、法華経あるいは維摩経《ゆいまきょう》などは、現在でも羅什訳によって読む。非常にすぐれた確かな翻訳であるからである。すぐれたというのは、仏教の理解が正しいということである。現在、中国の仏教は一見滅びたかのようであるが、いつかは復興の日もあることであろう。

さきの関中の四傑はまた「四聖」とも言い、その順も生・肇・融・叡とするし、他に曇影・慧厳・慧観・僧䂮・道常・道標の六人を加えて「十哲」に数え、これらを「四聖十哲」と併称することもある。維摩経の註釈も四聖のひとりひとりで為しているが、現在は羅什の自説を中心に、僧肇・道生・道融（但し、道融のものは問疾品経句に関し一箇所だけ）三人の所説を合せ、且僧肇の経序を冠したものが、『註維摩詰経』（十巻）の名で行われている。それは註疏と称しても梵本から漢訳にうつされる時の羅什の講義が本となり中心になったものであるから、それらによってインド本土からの伝統的な仏教学習、教理理解の本流、本筋たるものの素朴にして率直な表明として学的にも重んずべきものである。総じて羅什の訳場には、他に『肇論』のごときすぐれた中国思想論を為し得たすぐれた協力者のいたことが、羅什の旧訳を思想的、表現的何れの面においても傑出しこなれ切った翻訳書になし得た事情の一つであろう。

玄　奘（げんじょう）

三蔵《さんぞう》といえば経・律・論とて仏教の教理と実践と学問の三方面を包括しての呼称であるが、この三蔵に精通した高徳の僧をも三蔵と称し、時に三蔵法師《ほっし》とも名づけた。しかるに、唐の玄奘三蔵は、単に三蔵法師というだけでもこの人を指しえたほど、すぐれた仏教学僧であった。

二十九歳の時、万難を排して西遊し、三年目にインドのナーランダ（那爛陀）寺に達する。寺というよりは当代第一の仏教大学であった。在印十三年、今でいえば副学長（学長はシーラバドラ、戒賢）のしごとまでして西紀六四五年正月に帰国した。携えた仏典は六五七部。それを長安で次々に中国語に翻訳した。したがって漢訳史上、玄奘のものを「新訳」（それまでのものは「旧《く》訳《やく》」）と称して信頼する。およそ七五部一三三〇巻になった。またインド紀行を『大唐西域記《さいいき》』にして残した。前後十七年、一三八ヶ国にわたる貴重な記録で現代にも重んじられている。

麟徳元年（六六四）二月五日、六十五歳で亡くなる。門下三千といわれたが、窺基《きき》、神泰《じんたい》等が上足で、中でも基法師は慈恩大師と呼ばれ、成唯識論《じょうゆいしき》という法相宗《ほっそう》の根本仏典の権威者であった。

玄奘の前に法顕《ほっけん》が四世紀末に、またあとに義浄《ぎじょう》が七世紀後半にそれぞれ入竺《にゅうじく》（インド入り）してその都度、インド本土の新仏教を中国にもたらした。いずれも大恩人である。

むかし日本から中国に渡ることを入唐《にっとう》と言い、また入宋と称し、坊さんにしてその経験ある人を入唐僧、入宋僧として自他共にそれを誇りにした。恰も明治以後において欧米に学びにいくことを洋行とか遊学と称してそが誇り高いものであった如くである。一方中国からすれば、さらにその西、インド――これを天竺《てんじく》と言った――に渡ることは、仏教徒としては釈尊の本国を訪れることであるから、たとえその道中が危険で、また労苦の伴うものであっても、終生の願いとしてこれを決行したい所であった。インドは中国では古く「身毒」（史記大宛伝）または「揖毒」（漢書西域伝上）と称し、のち天竺（後漢書西域伝）と言った。したがって入竺僧ということばが生ずる。中国からはるばる入竺した高僧（三蔵）に古くから三人を挙げる。それが法顕（五七七―六五三）と玄奘（六〇〇―六六四）および義浄（六三五―七一三）であることはすでにのべた。法顕にインド旅行記として『高僧法顕伝』（仏国記という、一巻）があり、義浄には同じく『南海寄帰内法伝』一番がある。しかるに玄奘の西域記は『西遊記』という俗書と混じられることがある。同書は中国四大奇書の一とされるもので、十六世紀半ば明代に呉承恩によって作られた（異説あり）。もとより玄奘三蔵の入竺求法《ぐほう》の史実をふまえた創作であるが、そういう物語を生む背景に唐宋元明と続いた長期にわたる三蔵への上下の思慕の情の厚かったことを証拠立てるものがある。そこに登場するサルの行者は孫悟空である。そのほか猪八戒、沙悟浄などみな三蔵法師の弟子とされている。しかし興味本位の作品になったため、かえって物語は玄奘の徳をきずつけないでもない。やはり『大唐西域記』によって親しく法師苦難の旅の実際を知り、その高徳を讃えるにつとむべきであろう。

王　維（おうい）

中国で仏教が一番盛んだったのは、唐から宋にかけてで、日本の奈良、平安、鎌倉の三時代に相当する。

なかでも唐代三百年は、初唐・盛唐・中唐および晩唐の四期に分けられるが、そのうち盛唐を代表したのは六代の玄宗。皇帝在位四十五年で、初めのおよそ三十年は開元の治で良かったが、晩年に悪い大臣李林甫が出たり、楊貴妃を寵《ちょう》愛したりで、ついに安禄山の変が起こり、蜀に走らねばならなかった。そういう時、皇帝より十五歳若いが、宮中にも出入りしながら、玄宗に一年先んじて六十一歳で死んだのが、王維である。

生まれは山西省の祁《き》（太原）。やや長じて長安に出るが美容と音曲の才でもって、帝都貴顕の寵児となった。二十一歳で進士に合格、以後「大楽丞《だいがくじょう》」にも任じられたが、すぐ失敗し済州に流される。数年後、官を辞め輞川《もうせん》に引退した。その間、仏道を修め、詩画にいそしんだが、三十一歳で妻を失い、その後は再婚せずに母の崔氏に孝養を尽くした。崔氏は生涯坐禅に励んだ人ともいうから、その感化がかならず王維にあったものにちがいない。

王維は詩人としては、李白、杜甫に並んだひとで、ことに自分より十二、三歳若い杜甫とは親しかった。維の弟縉《しん》も役人になっていたが、兄の死後、その詩四百三十首ばかりを集めて残した。

「李白は気韻、杜甫は格律、王維は理趣」(明の徐而庵)の評があり、あるいはこれを順次、天地人の三才にあてる。それほど維のものは人間の道、人情の美にあふれたものばかり。維の画才はまた南宗文人画の祖と仰がれたほどのもの。洗練された文人の理想境を、画に詩に描き出し写し出すのが、王維の光った仕事であった。

仏典を外に見ることをせず、妻の死につけ維摩詰《ゆいまきつ》の在家居士《こじ》の姿にあこがれたか、自ら王摩詰とまで称した。

「夏日、青龍寺を過《と》い操禅師に謁す」の詩に、「問わんと欲するは義心の義、遙《はる》かに知る空病の空なるを」と言っているのは、明らかに維摩経のことを指す。その続句に「山河は天眼の裏《うち》、世界は法身の中」と歌ったのも、華厳の心であったろう。

仏教は現代にまで、健康な人にも、病気や不幸に悩む人にも絶えず生活と文化の力強い支えになってきている。およそこの世が無常なればこそ、そこに生きがいがまたあるのである。

王維が初めに就任した大楽(雅楽寮の唐名)の丞(省の判官)の位は彼として満足すべきものであったが累遷して監察御史(百寮を分察し、郡県を巡視、刑獄を糾察し、朝儀を粛整する役)に至ってやや不安を感じないわけにいかなかったのではないか。安禄山の乱に囚《とら》えられ、薬を飲んで佯《いつわ》って瘖者となり、逼《せま》られて給仕中となっていたが、なお節を保ち、賊平定ののち特命で赦され、太子中允に任ぜられ、後、尚書右丞に至っている。維摩を慕うたのは深く宗教心を蔵していたからであろう。

鑑　真（がんじん）

中国、唐代の高僧で、律宗に属した。日本には、まだ正式につたわっていない律宗を伝えようとして、五十五歳のとき船を用意して中国をたったが、途中で遭難した。前後五回そういう失敗をくりかえすうち、自身も失明したのだが、それでも屈せず、六回目に成功していまの鹿児島県に着いた。時に六十六歳。太宰府を経て都の奈良にのぼり、東大寺の大仏殿で本格的な授戒の儀式をとりおこなった。のち奈良に唐招提寺《しょうだいじ》というお寺を建て、そこで七十六歳で没した。「招提」というのはチャトゥルデーシャ、つまり四方ということで、「おてら」の意味。

仏教は「経」と「律」と「論」の三蔵で体をなすから、いまから千二百年あまりの昔に、こういう高僧を迎えたことは、まことにありがたかった。

じつを言うと、奈良の学僧で栄叡《ようえい》や普照《ふしょう》という人たちは、さきに中国にわたり、鑑真大和上《わじょう》の名声と徳望におどろき、ぜひに日本へと懇請《こんせい》したのが始まりであるが、栄叡のごときは、さきに中国で死んで連れだてなかった。あわせて昔のひとの仏教への強い信念をみるべきであろう。

近年、唐招提寺の国宝鑑真像が、内外から大きく注意されることになったが、美術品としてだけでなしに、それが含む日本文化の意義についても、この像が無言のうちに語っていることの理解がのぞまれる。

和国の教主（わこくのきょうしゅ）

聖徳太子（五七四―六二二）を指していう。和国はもと「倭《わ》」国と書き、中国から見た日本のことであった。日本は「山処《やまと》」といわれる奈良盆地から、文化的に開けた。そして和（倭）の一字では国号にならないので、大和の二字にし、しかもヤマトと呼びならわしてきた。その大和文化の実質は、日本固有のカミさま信仰を見失わない仏教文明であり、これを道徳と政治ばかりでなく、教育と宗教にして力強い民族生活の根本にしきならべられたのが、じつに太子であった。

和国の教主聖徳皇《こう》　広大恩徳謝し難し
一心に帰命《きみよう》し奉り　奉讃不退ならしめよ

という歌が親鸞にある。教主の語は、宗教の一派を創《はじ》めた人（広辞苑）という意味であるが、日本での古い使い方は釈尊、お釈迦さまを意味した。親鸞聖人は、師匠の法然さんを勢至《せいし》菩薩、聖徳太子を観音菩薩と仰がれた一方、太子さまをインドからこの日本国に出現された釈尊と信仰されたものである。

昨今の日本の国際的進出は、そのいずれの方面においても著しいものがある。われわれは今こそ心を静めて、ひとたびは敗戦国まで落ち込みながら、かくも盛大になりえた根本の由来を考えなおしてみなければならない。

太子は推古天皇の摂政皇太子としてご在位中の三十年間に、十七条憲法という最もすぐれた国体の大道を制定、表明される。その初条が「和をもって貴《たっと》しと為す」であることは言うまでもない。その和も政治的平和だけでなく、諸国家が独立し合う真の自由を前提にした宗教心の確立によるそれであったことは、三条に「篤《あつ》く三宝を敬え」とあることによっても明らかである。

太子のおしごとは、皇太子として叔母に当られる推古天皇の政治を助けられたこと、国史をととのえられたこと、仏教を興されたこと、それに今の憲法制定のことなどとして数えられるが、その根本は一貫して日本を文化国ならしめることにあったといえよう。真の文化国家には精神度が高くなければならない、民族生活を知性度たかいものにするためには、先進国である大陸諸国の精神文化を急いで容れる必要がある。それには中国および韓国で行われた大乗仏教を採るのが一番であったから、順次、勝鬘・法華・維摩の三経を代表的なものとして選び取り、御自らにも深く学び、天皇はじめ社会上層のものにまずこれを講じられた。今日『三経義疏』の名において残された太子の仏教研究のあとは、そのまま日本の国をいつまでも平和と自由の国家として栄えさせていく原理を示したものなのであり、どういう新しい学問研究も、また道徳や宗教、さらに教育、産業も、その基本をそこに置かしめられる意味をもったものとして考えてよかろう。ことに勝鬘経には宗教的社会救済の理念、法華経には道義的教育実践の意味、そして維摩経には経済的人生充実の真義が大きな思想表現の形で内蔵のままその一体性を保っているのである。篤敬三宝とはそういうことであったろう。

弘法大師（こうぼうだいし）

真言宗の宗祖・空海が、死後八十六年の延喜二十一年（九二一）に醍醐天皇から頂いたおくりな。空海は奈良時代の宝亀五年（七七四）六月十五日に生まれ、幼名を真魚《まの》と申した。佐伯田公の子。讃岐（香川県）多度郡屏風浦が生地。幼い時から学問好きで、十五歳で奈良に出られ、大学で哲学・史学・文学を修め、とくに仏教を研究し『三教指帰《さんごうしいき》』という卒業論文を書かれる。三教とは儒教・道教・仏教のことで、この順で世間の道から出世間（宗教）の世界に進むことを論じ、仏教信仰が人間として最高の帰結であると示された。

二十歳の時、勤操《ごんそう》という坊さんについて得度、二年後東大寺で正式に受戒し、教海の名を授かる。のち僧名を空海に改められたのは、それだけの心境展開があったからであろう。三十一歳で唐に渡り、長安（いまの西安）の青龍寺で恵果《けいか》和尚に会われる。この人は真言宗第七祖であった。そうした高僧から正式に密教（真言宗）の仏法を授かり、貴重な仏典、仏具類も得て、空海は二年後に帰国。初め和泉《いずみ》（大阪府）の槇尾《まきお》山におられたが、三年後勅命で京都の高雄山に移り、都を中心に密教を広められた。高野山（和歌山県）に入られたのは弘仁七年（八一六）で、すでに四十七歳。そこに金剛峰寺《こんごうぶじ》を建て、入定《にゅうじょう》（仏として永住する）の地と定められた。じっさい亡くなったのは承和二年（八三五）三月二十一日、六十二歳。もちろん信仰としては、大師は今も高野山の奥の院に生きていられる。

高野山に入ってから七年後に京都の東寺もたまわり、密教の根本道場になされる。密教というのは真実、仏としての身と言葉を得る道とその世界。金剛と胎蔵の両界マンダラでこれを表わす。「即身成仏」とは、この身このままで仏になるということで、それが真言宗の根本教義である。

密教の反対は顕教であるが、反対といっても対立することではない。真言宗以外の仏教を総じて顕教といったもので、教理上は密教から出て密教に帰入するというところに、大師仏法の傑出した意味合いがあったわけである。『十住心論』等は、深い思想を含む書として現代の教育学者にも参照されている。

『三教指帰』はもと聾瞽《ろうこ》指帰の名で書かれた。聾瞽は聾啞者と盲人を指す。宗教的無自覚を寓したもので、精神的意義ではかえって積極的に求道者の実際である。それを「三教」の名に改訂したのは、儒・道・仏の三者が皆一に帰することを述べようとする趣旨で、大師は十八歳にしてこれを草し、二十四歳の時これを改訂したというから、右にも大学の卒論に当ると評した。三巻にして亀毛先生論(上巻)は儒教、虚亡隠士論(中巻)は老荘の道教、仮名乞児論(下巻)は仏教をそれぞれ寓意小説風にのべている。のちの『十住心論』十巻の方は、一、異生羝羊心 二、愚童持斎心 三、嬰童無畏心 四、唯蘊無我心 五、抜業因種心 六、他縁大乗心 七、覚心不生心 八、一道無為心 九、極無自性心 十、秘密荘厳心の順で、異生(凡夫)から成仏者までの心理的展開と向上を論じたもので、今に至るも不滅の光を放っている。

慈覚大師（じかくだいし）

天台宗。平安前期の僧。下野（いまの栃木県）の人。延暦十三年（七九四）の生まれ。俗姓を壬生《みぶ》といった。十五歳で比叡山に登り、承和五年（八三八）に入唐し、宗叡、全雅について梵《ぼん》学や密教を習う。翌年帰国しようとしたが、逆風に遭ってはたさず。

それで五台山（山西省。文殊菩薩の住処）を巡遊したのち、長安に至り、元政、義真、法全らから両部（金剛の陽、胎蔵の陰）の大法を伝受し、また宗頴《そうえい》について止観（天台の学）を学ぶことができて、かえって幸せした。帰国は承和十四年（八四七）で、それより八年後、六十歳で天台座主《ざす》となり、十年後の貞観六年（八六四）に死する。

井上靖の『天平の甍』で、奈良時代の中国仏教の盛況が知れたが、平安前期にかけて、いっそう天台や真言の仏教が発達していた。慈覚大師は『入唐求法《ぐほう》巡礼行記』四巻で、その詳細を報告した。この旅行記は元駐日アメリカ大使、ライシャワー博士が英文に翻訳していられる。ハーバード大教授として知日家としても知られる同氏だが、立派な図書館と同時に、広壮な礼拝堂（チャペル）を有する米国大学の宗教的実際の中からの研究が想察される。

慈覚大師とは勅諡《ちょくし》号で、僧名は円仁《えんにん》であった。座主はいわば大学総長であるが、在任中、叡山に唐院を建てて、中国からもたらした経軌《きょうき》法具のたぐいを納めた方面が、いまの図書館に当たり、文殊堂を創《はじ》めて常行念仏を修した方面が、礼拝堂に相応することも不思議な思いがする。

慈覚大師は七十歳で亡くなる。文殊菩薩の化身の印象がつよい。同菩薩に由来するという知恵の念仏を現在においてどのように理解すべきものか。宗教心にもとづく人間のあり方を忘れ、その方面での研究と実修を怠ったのでは大学も社会的役割を減殺するのではなかろうか。

慈覚大師は、その著作およそ百部にのぼった大学匠で、鎌倉仏教への思想的影響も大きい。

入唐求法八家といえば最澄・空海はじめ、円仁、円珍（空海の俗甥、仁寿三年八五三入唐）等のことであるが、天台座主としては一、義真、二、円澄、三、円仁、四、安恵、五、円珍と次第する。叡山に秘密灌頂《ひみつかんじょう》熾盛光仏頂法《しじょうこうぶっちょうほう》等の重要行事の始まったのは円仁の時からである。すなわち山を開いた伝教大師の志を、中国に渡った円仁が先方で親受してきたものにより果したわけである。慈覚大師の著『金剛頂経疏』『蘇悉地経疏』は台密の基礎づけになった。また常行三昧堂の建立には中国五台山の念仏門の移された意味があり、すべて在唐十年の実成果である。文徳・清和両天皇に菩薩戒を授け、また『顕揚大戒論』八巻を著した。この書は山家《さんげ》（天台宗）の純大乗戒に対する非難に対し、諸経律論の明文により、その正旨を披瀝して啓蒙しようとしたもの。『入唐求法巡礼行記』は、自己の求道の旅そのものを「入唐求法巡礼行」と自負した気迫の溢れ出たもので、単なる追憶記でなく、日々の見聞と言動までを詳記した、現代としては一般的な資料価値も多大なもの。唐朝当代仏教のすべてが分り、大師在唐中に遭遇の武宗の会昌（八四五）破仏記もある。

親鸞（しんらん）

真宗の開祖である親鸞（一一七三―一二六二）は、幼名を松若麿といい、愚禿《ぐとく》と号した。得度（出家）して範宴《はんねん》と名乗り、法然の弟子になって初め綽空、のち善信とかえた。かえたというより師の法然から、そのつど与えられたものといわれる。綽は道綽、空は源空（法然）。また善は善導、信は源信の意味であろうか。五十二歳で主著『教行信証』を書いたころ、ついに親鸞と改められた。ふかい自証があったのであろう。同書の「証」巻は論主（天親）と宗師（曇鸞）に帰依《きえ》する言葉でむすばれている。法然はもっぱら善導により念仏の行を明らかにしたが、親鸞は曇鸞に他力の義を、さらにインドの天親にまでかえって回向《えこう》の道を学びとった。書物でいえば天親の『浄土論』と曇鸞の『浄土論註』が真宗の柱であり、その大もとは無量寿経である。親鸞の教とは、この経のことであり、経の説く阿弥陀仏の本願に信帰する道理を論証したのが『教行信証』六巻である。親鸞としては、インド大乗の原頭、龍樹の中観道にまでさかのぼらざるをえず、龍樹、天親、曇鸞、道綽、善導、源信、源空という真宗七高僧の系譜がおのずとできたものである。

親鸞の九十年にわたる生涯は、学者によってさまざまに見られている。二十九歳の時、それまで堂僧を勤めた延暦寺を出て、六角堂に参籠、聖徳太子の夢告により源空の門に入ったのを境にして前後を見るのも一法であろうと思う。その時、師となした法然上人は、聖人三歳の時、専修念仏義を唱え、すでにそれまでに二十六、七年中の経営である。聖人が上人と運命を共にして念仏停止の院宣下、師を土佐（流罪）に見送り、自らは越後（遠流）に都落ちしたのはそれから六年後である。すでに西意・性願・住蓮・安楽は死罪で、この世になかった。聖徳太子の夢告を境にするという意味は、後年八十三歳にして作った『皇太子聖徳奉讃』との照応においても、師の法然にも見られない国土感覚が北国流謫（三五〜三九歳）中の壮者親鸞の胸中に新生し、京にも戻らず東国常陸に赴かせたのは、「和国の教主」への迫真の信行証が聖人の後半生の意義たり得たと思うからである。『教行信証』後序に示すごとき世態の末法証示への憤りは、聖人をしていよいよ本願念仏の大道を教証上に明示して自信教人信の一路に邁進励行させたものと見る。

聖人の伝記としてはその滅後三十四年、玄孫覚如によって成された『親鸞伝絵』二巻があり、御伝鈔として報恩講の式日に拝続されるほど宗門として権威あるものであるが、教理の高さに比しなお通俗といわざるを得ない内容である。

七高僧中でも最晩年には世親と曇鸞とに特に教義上の所依を求めていたことは、八十歳にして成した『浄土文類聚鈔』中の「文類偈」（念仏正信偈）を『教行信証』行巻所収の「正信偈」（正信念仏偈）や八十四歳の時の『入出二門偈』に対照させて理解することができよう。すなわち「帰命無量寿如来・南無不可思議光」と二句一行、往相回向の端的を標示した段階から、「西方不可思議尊」と一句にして還相回向の妙趣に味達し得た老境の表示であったものであろう。親鸞はその生涯につけても宗教的人格につけても回向の道がアルファでありオメガであったといえる。

日　蓮（にちれん）

日蓮宗の開祖。立正《りっしょう》大師とおくり名された。貞応元年（一二二二）二月十六日、安房《あわ》の国（現千葉県）小湊の漁家に生まれる。十二歳で同地清澄《きよずみ》山の道善房に入門、出家後十八歳の時、蓮長と名のる。蓮の一字は法華経の経題によった。僧名を日蓮に改めるのは、それから十四年後、大師が三十二歳になられた時である。

もともと学問好きな大師は、師や兄弟子に就き、広く和漢の書と仏典を学び、大方は知りぬいた。が、最後に天台と念仏がどうしても心にかかり、鎌倉、京都、比叡、三井、奈良、高野あるいは天王寺（大阪）の諸方諸寺に遊学する。

すでに「われ日本第一の知者たるべし」と立志した大師は、仏教に「法に依《よ》り人に依らざれ、了義の経（真理にゆきとどいたお経）に依り不了義の経に依らざれ」という教えがあるが、ついに法華経こそは最高の法、唯一絶対にして真実無礙《むげ》（自由自在）の経典と体得。故郷清澄に帰り、四月二十八日、はじめて南無妙法蓮華経と高唱される。さきの三十二歳の改名の時のことである。日蓮の日の一字は、太陽と共に日本を表し、大師生涯をつらぬかれた報本反始の一念を表明した。

この後の大師のご一生は、まことに法難につぐ法難である。文永八年（一二七一）龍口で斬《き》られそうになり、佐渡に流され、五十三歳の時に身延に入り、弘安五年（一二八二）秋、病を感じて下山し、故郷に向かう途中の十月十三日、武蔵池上に入寂された。

大師は生涯に四百数十部の述作をなした。そのいずれもが、国を憂え、人の心の邪悪を正し、あるいは師恩に報い、信者のまことにこたえたものである。

立正安国といい、守護国家と称し、撰時《せんじ》、開目、観心本尊の諸抄、ことに教機時国抄は仏教のかなめを当代に現証し、すべてこれ生きた法門である。

日蓮宗を現在の盛況に達し得た根拠には「鳥やけだものは、鳴けど涙なし。日蓮は泣かねど涙かわくひまなし」と申されたほどの、上人の大慈大悲心が流露している。直弟子中、日昭、日朗、日興、日向、日頂、日持の六老僧が一番に光っていた。江戸時代に盛んであった不受不施《ふじゅふせ》派とか現代の立正佼成会、創価学会、あるいは日本山妙法寺とかはみな、宗教的信念と実践的意欲に満ちた形態で、それぞれに大師の慈教に報いようとする尊い歩みである。

日蓮宗では、上人の『立正安国論』を、『観心本尊抄』『開目抄』と共に、祖書三大部として尊重するが、その一節に、「汝早く信仰の寸心を改めて、速かに実乗の一善に帰せよ。然れば則ち三界は皆仏国なり。仏国それ衰へんや。十方は悉く宝土なり。宝土何ぞ壊《やぶ》れんや、国に衰微なく、土に破壊《はえ》なくんば、身はこれ安全にして心はこれ禅定ならん。この詞《ことば》、この言《こと》、信ずべく崇《あが》むべし。」と。邪法を排し、法華の正法を立て、諸の災禍を除き、国家の安泰を図るという正面から法華の信をひとにぶっつけてたじろがない内に躍動する正念をあふれさせていたのがこの開山のようである。

一休宗純（いっきゅうそうじゅん）

一休さんで親しまれている臨済の坊さん。僧名は宗純。京都の人。後小松天皇の皇胤《こういん》というが、それが運命のスタート。応永元年（一三九四）正月元日の生まれ。成人の後、元旦に錫杖《しゃくじょう》の先にドクロをさし、戸ごとに「元日やめでたくもあり、めでたくもなし」と言い歩いたという。

六歳で安国寺長老、像外鑑《ぞうがいかん》に侍したというから、高い教養を身につけて育ったのだ。一休咄《ばなし》やその頓智《とんち》のもとは、その辺にも由来しよう。しかし、もともと詩才や画才があったうえ、非常に努力した人である。まして仏心の深いことこそが、この人を大成させる。十七歳のとき壬生寺の清叟仁《せいそうじん》に就き、さらに西金寺謙翁、近江堅田の華叟《けそう》らにも厳しくしつけられる。一休の二字は華叟が付けたもの。動から静への精神の激しい転換いな動静不二ともいうべき意味が宿されているものと思う。華叟のもとには二十二歳から六年間いた。以来生涯を通じ、ほとんど一定の寺に住するところがなかったが、八十一歳のとき初めて大徳寺に入った。それまでは行雲流水、もっぱら庶民への教化活動に専念。その名が全国的に広がったゆえんである。

応仁の乱で焼けた大徳寺再興のため、請われて入寺したのであるが、七年間、死ぬまで不眠の努力で成功させる。しかし一休の本心は禅界の革新で、臨済の宗風も一躍、新時代を迎える。

一休は、蓮如とも交あり、携えて日本仏教界を今日あらしめる、偉大な基をなした恩人である。

白隠 （はくいん）

日本臨済禅中興の祖。中国から臨済宗を初めて伝えたのは、鎌倉時代の栄西禅師で、後世日本の禅宗に二十四流をかぞえるうちの第一千光派（建仁寺）がそれである。第二は道元派（永平寺）で、二十四のうち曹洞禅は三。他の二十一流はみな臨済であった。

鎌倉から室町へかけての五山文学には、臨済系の学僧が活躍し、宋元の詩文、程朱の学説を伝えて研究した。江戸時代における文教隆盛の一因が五山文学にあったことから、臨済の功を見おとすべきでない。けれどもその後、宗教の本流としては、次第に曹洞禅に押され、臨済の方が衰退していた。それを復興したのが、今から三百年余り前に現れた白隠慧鶴《えかく》（一六八五―一七六八）の功である。

慧鶴は法名で、白隠はあざ名。駿河国（静岡県）浮島原の人、姓は杉山氏、鵠林《こうりん》とも号した。十五歳のとき松蔭寺単領について得度。のち名師を求めて各地に歩き、二十四歳のとき越後高田の英厳寺正徹に参じた際、豁然《かつねん》大悟するところがあり「三百年来、いまだ予のごとく痛快に了徹するものあらず」との大自信を得た。

しかし、ついで信州飯山の正受老人によって、その自負心はむざんに打ちくだかれ、いらい正受老人の熱喝《ねっかつ》痛棒の下で真参実修すること八カ月、ついにその蘊奥《うんのう》をきわめ、法を嗣《つ》いだ。

その後も諸師を歴訪して修行に努め、享保二年（一七一七）三十三歳で松蔭寺に住し、翌年妙心寺第一座となった。それからも各地を講演提唱してまわり、ほとんど寧日なく、禅の民衆化、禅界の革新に努力、幾多の傑出した門弟を養成。明和五年、八十四歳で示寂。尊いひとである。

白隠仏教の特色は、禅門と念仏とを一元的に理解したところにある。それには禅師が法華、楞厳《りょうごん》あるいは金剛等の諸経とともに、とくに維摩《ゆいま》経を研究したことが役立っているはずである。白隠全集八巻にすべてその説が収まっている。

なかでも『遠羅天釜《おらてがま》』は有名である。ちなみに現在、わが国の臨済宗はこの法系だけが残っている。鈴木大拙博士も白隠の『槐安国語《かいあんこくご》』などに、早くから注意されていた。

禅師の文書で人口に膾炙しているのは『坐禅和讃』で、その最初の句は「衆生本来仏《ほとけ》なり。水と氷のごとくにて、水をはなれて氷なく、衆生の外《ほか》に仏なし。衆生近きを知らずして、遠く求むるはかなさよ。たとえば水の中に居て、渇を叫ぶがごとくなり。」で、すべて平易に仏教を分らせようとするものであった。また『遠羅天釜』には、「初め養生を第一とし、（中略）只動静の二境を嫌はず取らず密々に進取しもて行くこと、第一の行持に侍り」とし、「只修行の趣向悪しく、空閑の処をのみ好みて、都《すべ》て菩薩の威儀を知らず、仏国土の因縁なき故に如来は疥癩野干《かいらいやかん》の身に比し、浄名は焦芽敗種の部類なりと可責し玉ひき」等と言っているから維摩を深く知っていたことが分る。また「心浄《きょ》ければ浄土浄し」を同経から引いて禅と念仏が根本を同じくすることを示したのがその大きな特色である。

妙好人（みょうこうにん）

阿弥陀仏信仰を説いた観無量寿経《かんむりょうじゅぎょう》の中に、信心と行業《ぎょうごう》がともにすぐれた専修念仏《せんじゅねんぶつ》―一心に念仏を修める―のひとを、「人中の分陀利華《ふんだりけ》（白蓮華）」と言う、とある。蓮華はインドの国華で、その色は赤、青、黄、白とさまざまである。なかでも白蓮華の清らかさをとおとぶ。仏果の徳をえたひとの、むしろ自在な人間のありようを白蓮華にたとえ、これを妙好と表現する。

そういう念仏者を、唐の善導はさらに五段に分けて、「一、人中の好人《こうにん》、二、人中の妙好人、三、人中の上上人、四、人中の希有人《けう》、五、人中の最勝人」（観経疏）とされたが、なかでも第二の妙好人については法然上人は「世間のよごれにまみれながら、きよらかさを失わないひと」（選択集）と言い、親鸞聖人は「道俗を問わず、本願念仏を信ずるひと」（末燈鈔）のことと申された。

現代においてそういう人を考えるのには、仏教の倫理的意味の立場から大きな意義があろう。『妙好人伝』というものがある。六巻あって正編五、続編一である。仰誓《ごうせい》、僧純《そうじゅん》、信暁《しんぎょう》三人の合著である。同伝には、江戸時代における浄土真宗の僧俗の、信念うるわしく、行状ただしいひとの伝記が多数おさまっている。江戸という時代は徳川が天下をとっていたときであるが、仏教は武家方では禅と浄土の両宗が代表的に尊信されたといってよく、真宗は庶民のものであった。無学者と愚人たることをわが身に言いきかせながら、内心にふかく信心の道を蔵し、奇特なふるまいをする真宗人というのは、平生から寺参りにはげんだひとたちで、民家にも「お講」を開いて仏教による人間の道の学習につとめた。

浅原才市《さいいち》は下駄《げた》屋さんで、日中は念仏のなかから下駄をけずり、作業中に頭にひらめいたことをかんな屑《くず》にしるし、夜になってそれをノートに書き改めたものが残っている。讃岐の庄松とならんで近世に有名な妙好人である。おなじく江戸時代の臨済に出家した鈴木正三《しょうさん》は三河（愛知県）のひとで、禅人ながら妙好のふうがあったが、鈴木大拙《だいせつ》先生ははやくからこのひとの紹介につとめ、また先生自身も「妙」という一字を面白い面白いといっておられた。正三は家康に仕えて戦功があったが、四十二で棄俗隠遁《いんとん》し、諸方に禅道を学び、最後は江戸浅草天徳院のかたわらに了心庵をかまえて道俗を接した。仁王禅といわれるはげしい禅風であるが、『二人比丘尼』『因果物語』等では仏教の日常的なはたらきを説いた。他に貞信尼、吉兵衛、源左等もある。

これらは共通して無名の庶民で、しかも禅僧にもまけない徹底した信仰心で気迫のこもった言動をした。インドでは、蓮《はす》は泥沼に咲いて、しかもその泥によごされず、かえってこれをすすり込んでさまざまな色で輝くことを信心ぶかい人にたとえる（維摩経）。浄土教信仰も、それが徹底されていくと禅道と分かちがたいたくましいものになる。真の他力ということには、ついにその他力もおちてしまうほど、底に徹したにぎわいと明るさがある。死への祈りまでが大きな喜びであるほどに、生きることを大切にし切る趣意での行状が、妙好人の生きがいなのである。

泥沼に咲く蓮花《はすはな》の浄《きよ》らけく己れつくすを心ともがな　　妙喜

西田幾多郎（にしだきたろう）

明治三年五月十九日、石川県河北郡宇ノ気町字《あざ》森の地に得登《やすのり》の長男として生まれる。のち世界的な大哲学者になるが、そのもとは母寅三《とさ》の宗教的感化にあった。家は代々旧藩時代からの十村《とむら》とて、数十カ村をおさめる大庄屋の家すじで、地方的に重きをなしていた。母も近くの同じ林という十村家から嫁していたが、双方とも真宗の家柄。しかも後年、西田自身が「母は真宗の信者なりき」とほこらしげに述べたほど、その母は信仰の道にふかく入ったひとだった。

金沢の四高に入る前から同校教授で数学者の北条時敬《ときゆき》（一八五八―一九二九）に就いて数学を学んだが、同氏（のち東北大学長などになった教育者）は臨済禅の体験者で西田にもその影響があり、西田の国泰寺の雪門老師に就き、また妙心寺に坐った。

ふつうには西田が学生のころから参禅に、つまり禅宗の方に力をいれた方でだけにその仏教的影響が見られがちである。しかし西田にとって禅はむしろ「精神的修行」ともいうほどのもので、個人的にもだが、とくに家庭的に尋常一様でない大きな悩みごと、もめごとがあって、みずから求めてその道にふかく進んだもの。もとより本格的な坊さんになろうなどというようなものでは決してない。京都の禅寺で証悟《さとり》を言いわたされたときでさえ、「われ必ずしもこれを喜ばず」と日記にしるしたほどである。それよりも、「母ほどではないが、わたしも親鸞の愚禿《ぐとく》の道を大きくしたう」と述べられた方が重要である。それから西田の哲学の根本が開けている。

総じて十村家の血をうけ、いわゆる和して同ぜず、形の上ではひとに応同するが、心まで他人にゆるすという人ではなかった。信心の道とは、このわが身ひとつがまちがいなく正しく助かっていくということである。西田は「弥陀五劫《ごこう》の思惟《しゆい》を、よくよく案じ見るに、ひとえに親鸞一人《いちにん》がためなり」という語をたびたびひとにもたずね、みずからにもふかく喜んでいられた。禅の方は晩年にはむしろ離れていられる。ただ学生ごろから無二の親友であった鈴木大拙《だいせつ》の宗教的、思想的影響は生涯かけて大きく受けられた。大拙そのひとも禅と念仏とを一つに心得たすぐれた仏教学者で、このひとの力で、現在のように欧米人も仏教を広く知るようになったのである。

西田の学問も宗教がその根底であることは、名著『善の研究』を読んでも明らかである。西田の哲学には実践的特色が強く現われ、最終的には「絶対矛盾的自己同一」という表現を用いて自己の立場を示そうとした。それは禅も念仏も超えてむしろ「世界史的世界」の究極で、『善の研究』において表明したキリスト教をも含めた宗教による哲人の立場の到達点であった。第二の作『自覚に於ける直観と反省』から最後の『哲学論文集』第七に至るまで生涯を著述の生活で終始したが、本領は宗教心の主体的究明であったと思える。哲学者としてはカントをも超出する意気込みで深く東洋哲学の粋に押し入っていた。それが「絶対無」の哲学といわれる所以である。いま次第に欧米の思想界にも知られている。すぐれた学者や文化人を弟子中から輩出させたことも西田のすぐれた大徳である。文化勲章を受けた。

鈴木大拙（すずきだいせつ）

金沢が生んだ世界的な仏教学者。明治三年同市本多町に誕生、現在もその跡地に記念碑が建っている。鈴木家は代々、藩老本多家の侍医。父は良準といい、四人の男の子があり、長男元太郎、二男亨太郎、三男利太郎、そして四男が貞太郎。この貞太郎が法名をとって大拙《だいせつ》である。しかし大拙は出家して専門僧になったわけではない。同市野田にある鈴木家の墓碑（大拙建立）の文によると「父は自作の衛生訓を食事ごとに家族全体で唱えさせたが、母の膝《ひざ》の上で食事する私は、早く大きくなり兄たちと並び坐《ざ》してこれを唱えたかった」とか、「母が近所の子たちの私の家の庭で蛇《へび》を殺しかかっているのを見て、きつくこれを止めたのを見て深く感動した」というふうなのが、大拙の生涯に真方向を与えたもののようである。

四高では、同じ明治三年生まれの西田幾多郎と一緒になったが、西田が同校中退で東大哲学選科に入ったのに対し、大拙は家の事情で四高中退後、しばらく能登の飯田や石川郡美川町で小学校の教員を務めた。明治二十四年上京して、早稲田、のちに東大に在籍しながら、ひとの紹介で鎌倉の円覚寺に入る。初めに就いた今北洪川《こうせん》が、しばらくで死なれたから、後を継いだ釈宗演《しゃくそうえん》を師として参禅した。大拙が同三十年に渡米したのは、宗演がアメリカのP・ケーラスという人に推薦したからである。以来、同四十二年に帰国するまで、仏典を中心に漢文の書を英訳し、ことに禅宗と大乗仏教とを欧米人の間に広く知らせた。帰国後は、初め学習院、のち大谷大学の教授となり、その間、アメリカ婦人ビアトリスと結婚。晩年は鎌倉にいて昭和四十一年七月十二日、同地東慶寺山内に自らが建てた松ヶ岡文庫で死去。九十六歳であった。

大拙は禅ばかりでなく、真宗や浄土教にも深い理解をもち、『教行信証』の英訳も東本願寺を助けて完成させた。昭和二十四年文化勲章を受章。さきの西田とは生涯変わらぬ交わりを続け、博士最後の論文も、大拙の『浄土系思想論』からの引用文で終わっている。大拙こそ当代が生んだ玄奘三蔵であったのである。

鈴木大拙(一八六〇—一九六六)は生家が臨済宗であった。同時に母が宗教心に富んだ人で、その感化により大きく仏教に向かったのである。けれども語学に長じ、また合理的精神の著しかったのには、やはり医師である父の影響が多大であったようである。生涯老子道徳経を手離さずにいたのは中国文化へのあこがれとその評価であり、同時に禅籍への近づきのもとが奈辺にあったかを推察させる。金剛般若経の「般若は般若に非ず、即ち是れ般若なり」の句により即非の論理を会得し、それが西田幾多郎の哲学思想にも影響したとされる。アメリカで最初に英訳した仏書は大乗起信論で、この訳業をもとに同じく英文で大乗仏教概論を書き、それが欧米人に仏教哲学を綜合的に理解させるはじめとなった。師の仏教は Zen-Buddhism (禅仏教) の名で海外に広く知らされている。ライシャワーの『日本人』中に紹介された代表学者が西田と鈴木の両博士であったことも偶然ではなかろう。

暁烏　敏（あけがらすはや）

真宗大谷派の僧侶、明治十年七月、石川県松任町北安田の明達寺《みょうたつじ》に生まれた。郷里の真宗加賀教校（県立中学の前身）を経て京都の真宗大学（大谷大学）に入り、卒業後は東京に出て清沢満之の浩々洞《こうこうどう》同人になった。師の満之《まんし》が、明治三十六年六月に死んだ後も在洞して、雑誌『精神界』発行を通じ、また講演により、全国的な教化活動に尽した。大正四年に帰郷し、いっそう仏教研究に専念し、同十年からは「にほひぐさ」(香草)叢《そう》書のパンフレットで、広く仏教を普及させた。大正十五年、インドに仏跡を巡拝し、その足でヨーロッパにも渡り、莫大な量の図書を求めて帰った。他とあわせ、それらはいま、暁烏文庫として金沢大学に蔵されている。すべて五万余部である。

終戦直後、東本願寺宗務総長となり、赤字財政を一年余の経営で黒字にした。念仏の力によってであるという。

生涯教化の範囲は、国内ばかりか国外ではアメリカに数度、また中国、朝鮮(韓国)、台湾、樺太等の東洋諸国におよんだ。昭和二十九年八月、七十八歳で没したが、氏の思想に共鳴し、その信仰に傾倒している者は、現在でも国の内外に数少なくない。宗教家であった半面、書を能《よ》くし歌も作り、広く文芸に通じたすぐれた文化人であったことも忘れてはなるまい。

久松真一（ひさまつしんいち）

行到水窮処　ゆきいたる　みずきわまるところ
坐看雲起時　ざしてみる　くもおこるとき

この句は抱石久松真一が好んで書いた中国盛唐期の詩人、王維《おうい》（七〇一―七六一）の「山に入りて城中の故人に寄す」と題した、五言律詩中の一句。詩の意味は「大自然の造化の美にみとれながら、川の流れに沿っていくと、いつの間にか知らず知らず、その川の水源に達してしまった。今度はそこに坐りこみ、向こうの谷からモクモクあがる雲をながめている」ということである。

西田幾多郎門下で、京都大学教授として久しく妙心寺春光院に住し、戦後九十歳で郷里岐阜長良川辺の庵居で入寂した禅哲学者の久松真一師は「白雲、幽石を抱く」の句により抱石と号した。

王維は画家でもあり「摩詰」と号したほどの維摩詰《ゆいまきつ》の礼賛者であるが、久松先生にも『維摩の七則』の著がある。川をのぼるのは、空間を時間的にきざんでいくこと。そのきわまりに、時間と空間とを両絶した絶対界がある。それが仏の世界、成仏の境地。しかもそこに白雲のたつを見るとは、還来生死輪転の家（正信偈）という還相《げんそう》のはたらきにほかなるまい。行雲流水から「雲水」の語が出るが、久松先生は、真宗の家に生まれながら生涯禅道にあこがれ、葬式もさせず、お骨も拾わせずに終わられた。現代の仏教と社会とに対し、身をもって示された痛棒でもあろう。

Ⅲ　おしえ

経（きょう）

お経のこと、経典と称する。梵語《ぼんご》（サンスクリット）では「スートラ」（修多羅《しゅたら》）、パーリでは「スッタ」。釈尊はどういうことばで話されたか（そのころ文字はない）。古代インドの俗語プラークリットの一種、パーリ（巴利）で語られた。スートラという語そのものは、ライン（線）の意味で、規範ということ。梵語は梵天（ブラフマデーヴァ、インドで最高の神）から授かった言語の意味で、聖語、雅語として正確なアーリヤ語である。北伝した大乗仏教は梵語によったが、南伝してスリランカ（もとのセイロン）にのこったもの（これを小乗とのみ言おうとするが、十分でない、むしろ自利教である）は仏教の古形をとどめてパーリ語によっている。ビルマやタイの仏教も同様である。巴利の一切経は英国のリズ・デヴィズ夫妻がパーリ・テキスト・ソサイティ（PTS）を作って出版した。その和訳が「南伝大蔵経」。

一切経というときは狭い意味の「経」のほかに、「律」（ヴィナヤ）と「論」（アビダルマ、巴利でアビダンマ）も加わり、その一々をピタカ（蔵）といったので、三蔵ということになる。いわゆる蔵経は経典のすべてを意味したが、大蔵経の語で全仏典をふくめる。

中国ではいち早く梵語の経類が漢語に翻訳された。もと経の字は「けい」と発音し、中国の古代聖人が述作し、もしくは説いた教えを意味した。いまそれを釈尊の仏説に当ててスートラ（スッタ）を経（きょうは呉音）の字に訳したことは、まことに適切であり、たくみであったといわねばならない。漢訳の一切経を蔵した仏寺の建物を「経蔵」というが、七堂伽藍《がらん》中でも学問上は中心的意義を有する。その他大乗経典はチベット語にも翻訳され、その大蔵経もある。今では欧米の仏教学者が自由にそれらの文献によって本格的な研究を進めている。

大体に聖賢のおしえを記したものを「本」と称し、本物、本当のもの、あるいはわれわれの日暮らしのもとづく所として大切にした。ひとの歩む床上にも本（書籍）は置かせなかった。形式的なようであるが、かたちを整える中から道にはいらせようとした古人の心を仏典に接する上にも保持していきたい。

釈尊は出家ののち苦行林《くぎょうりん》で六年間、五人の仲間とともに宗教の道にはげまれたが、最後はひとりになってブッダガヤでさとりを開かれた。五人はさきにベナレスの鹿野苑《ろくやおん》へ離れて行っていたが、釈尊は追いかけるようにしてこの五人の所へいかれる。そして初めて説かれた法話がスッタの第一号で、これを初転法輪経《しょてんぼうりんぎょう》という。成道後最初の説法で、五人は謹んで仏陀の教えにしたがった。釈尊三十五歳の時である。こののち八十歳でご入滅まで四十五年間、遊行経《ゆぎょうぎょう》とて旅先で亡くなる前後の模様を記した経にのこされるまでの各地で各様になされた法話を、大迦葉《だいかしょう》（マハーカッサパ）が中心になって編集したのが阿含《あごん》（アーガマ、南伝はニカーヤ）の経である。こののち般若、法華、華厳、大日、あるいは諸種の浄土教関係の経等が現われるが、すべて「仏説」たることにかわりはない。経はどれも宗教的真理という視点において統一されているのである。

般若心経（はんにゃしんぎょう）

具に『摩訶般若波羅蜜多心経』（まかはんにゃはらみったしんぎょう）単に「心経」ともいう。心の一字は、心要というほどのことでかなめ。真宗等で読まないだけで、禅宗をはじめ、ほとんどの宗派で朝晩に仏前で拝読する経典。もとのサンスクリット題名は Prajñāpāramitāhṛdaya-sūtra で、漢訳に八本あるうち、唐の玄奘《げんじょう》訳が最も流布している。それによっても三八三字しかない短い経文ながら、こめられた教義は一番に大きい。もともと『大般若経』六〇〇巻の総要といわれる。観音の智慧行によって開かれるこの世の真相が明かされる。

すなわち「観自在」というその菩薩が、仏弟子舎利子（舎利弗と同じい）のために一切皆空の義を説くのである。この経にある有名な「色即是空、空即是色」の語は、色《しき》とは形ある物の世界のことで、これは色受想行識（これを五蘊《ごうん》という）とつづくものの第一位で、外の世界がしだいに識（心）にまで受けとめられていくばあい、まず色のまま空《くう》とて、智慧—これがインドの原語でプラジュニャー（般若）なのである—のはたらきに裏づけられ、さらにその裏づいたままが、仏心のなさけ（大悲）のこもり血の通うた真実《まこと》の世界であるということが「空即是色」。それらの最後はじっさい上「空即是識」で、自然の理のままわれわれの心であることにおさまっていく。

再説すると「色」は、物質界のこと。物の世界を知恵の目で見ると空である。空の原語はシューニヤと言い、転じてゼロ（無）の語になるが、単に無いということではなく、一切を無常無我な因縁起のものとして認めるということ。ハッキリそういう土台の上に立てば無常のまま常住、無我のまま真我の世界が開けてくることを心経はのべている。一切皆空というが、その空もまた空であってみれば、もとの「一切」が見直し考え直されて復活躍動する所がある。そこに現われるものが文化である。したがって文化を導くものは宗教心といえる。空の一字は広大であり深遠である。

この世は物につけ心につけ、観音さまの智恵と慈悲のささえで成り立っていることを知りわけて、ふかく信心するのが般若心経のかなめといえよう。心経の末尾に、行《ぎょう》のきわまるところ、おのずから今日の日へのさとりが開け、勇気の生ずるのを呪文でしめしてある。一切皆空の空中すべて無所得であるが、無所得はいわゆるニヒル（虚無）ということではない。かえって菩薩も諸仏もこの般若波羅蜜多によるが故に無上正等覚（菩提《ぼだい》）を得る道理である。

真宗などは一心一向ということで阿弥陀仏に専念するから、形はこの経から遠いが、観音の行は弥陀の本願にもふくまれると解すれば、真宗教徒も改めて心経を学んで仏教の大筋を知るべきであろう。心経の「心」は肝要ということである。仏教はひろい。

無量寿経 （むりょうじゅきょう）

『仏説無量寿経』というのが正しい。釈尊が無量寿（阿弥陀）仏のことを説かれたのがその内容。分量が多くて上下二巻になっている。

注意しなければならないのは、無量寿仏はただ釈尊によって、阿難（小乗）や弥勒（大乗）に対し説明的に語られるだけで、阿弥陀仏が直接に物を言われるのではないことである。そのことに誤解があっては、無量寿経の真意がわからない。

この経に対し、インドでは四、五世紀の天親《てんじん》菩薩が『無量寿経優婆提舎願生偈《うばだいしゃがんしょうげ》』という本を書いた。「優婆提舎」は論議ということで、経文の跡を追ってその趣意をとらえたもの。菩薩は歌（偈）の形で、それをまとめ、これに願生、つまり極楽世界に往生を願うという表題をつけたのであり、浄土論とも称する。論の字がつくのは歌だけでなく、その説明解釈があるからである。

無量寿経は上巻に、①序分、②正宗分（本論）の第一として、阿弥陀仏が仏になる因果を説き、下巻には正宗分の第二として、衆生（人間）の安楽（極楽）浄土に往生する因果、同じく第三として釈尊の勧信と誡疑《かいぎ》、ならびに③流通分（この経を永くこの世に行なわせること）を説いている。

阿弥陀仏はもと法蔵菩薩と申す比丘《びく》で、世自在王仏のみちびきで浄土建立の四十八の本願を起こされた。とりわけ、衆生が南無阿弥陀仏と称《とな》えるだけで成仏できる道を、自分の責任で成しとげられた。お経にはその間、三毒（貪欲、瞋恚、愚痴）、五悪（五戒を破る）などの世間の不道徳や罪悪が、深くわれわれの胸をうつ表現で細かに説かれている。現在、仏事には『昭和法要式』といってそれらの個所を省いた形のものが読まれるが、無量寿経の意義はかえってそういう世間道徳面への反省にもあった。

四十八の本願中でも、第十八の「もし私が仏になれば、十方衆生が至心に信楽《しんぎょう》して私の国（浄土）に生まれたいと思い、一念（あるいは十念）をしように、万一生まれ得ねば私はさとりの座に着かぬ」と誓われたのが中心である。

さて「無量寿」というのはかぎりない寿命《いのち》のこと。本来「阿弥陀」の訳語で他方に「無量光」（かぎりない光明）という訳語もある。そういうひかり（空間をみたす）といのち（時間に満ちる）において限りない一体性の仏《ほとけ》が阿弥陀仏で、われわれの考えうる限りで最高最大な存在である。

その無量寿（阿弥陀）仏は、もと法蔵菩薩と申した。菩薩は一切の衆生《しゅじょう》（いきもの）をすくおう―すくうとは仏にするということ―と思い立つ。（それはお釈迦さまの原形かもしれず、またそれでよいはず）で、世自在（観音）王という名の仏をたずね、「私を仏にして下さい」と乞《こ》う。仏は「自分で考えるがよい（汝自当知）」とのみ教えられる。

そのことばの下に、五劫《こう》という長い間かんがえ、長載という久しきにわたり修行して、菩薩はついに阿弥陀仏になられる。いな、いまも現にその思惟《しい》と修行とは続いている。その証拠はわれわれ一人一人が助かってきていることである。そのすくいの道を「本願」という。それに四十八条目ある。

親鸞聖人は、「それ真実の教を顕《あら》わさば、大無量寿経これなり」（教行信証）と申された。この文には大無量寿経と見えるが、仏説阿弥陀経が小無量寿経なので、それと区別してそういうのである。阿弥陀経には成仏の果の極楽世界が説かれる。さきの四十八願は成仏の因行である。聖人は九歳から二十九歳まで比叡山にあって天台法華宗を学ばれ、ついに「真実」の語を会得された。真実とは、もれるものが一つもないことである。さきの文はちょっと見には、大無量寿経だけを採って他をすべて排するようであるが、そうでない。それだけで満足できるということ、一切の経がそこに盛られている意味が発見できたということである。

浄土教にはいま一つ、観無量寿経つまり無量寿仏を観《み》たてまつる因縁を説いた経があり、さきの阿弥陀、無量寿の二経に合わせて「浄土の三部経」という。無量寿経は因、いまの観経は縁、そして阿弥陀経は果で、衆生成仏の因・縁・果が説かれたものと見る理解である。なお「見」はあれこれに見る、「観」は見て一つになる、さらに「看」は不離不着に見守るでこれら三字三様である。ただ観は見させられ（信）て見る（心）であり、見ることの根本に阿弥陀仏の本願を行証するのである。

無量寿経は五存七欠といって、十二回も中国で翻訳されたうち五種だけが残り、他は失《う》せた。現代には第十三訳ともいうべき梵本和訳がある。学問的に浄土教は新大乗の名で釈尊のおさとりの真義に改めてふかく迫りつつある。

阿弥陀経（あみだきょう）

一巻。浄土教系の各宗で一番ひろく読まれる経典。原名は「スカーヴァティーヴィユーハ」といい、「極楽の荘厳」ということである。極楽は、阿弥陀仏の功徳で荘厳された世界。その世界の美しく楽しいさまを語りだすと同時に、念仏の力でこの世の人間がそこへ往生できることを述べる。釈迦如来が舎利弗《しゃりほつ》、舎利弗とお呼びかけになりながら説かれた形になっているが、説かれた場所は舎衛国《しゃえいこく》（現在サヘートマヘートの地）の祇園精舎である。阿弥陀仏信仰そのものが生前の釈迦仏に対する民衆の限りない思慕と追想の中から生まれたにちがいなく、六方無数の諸仏もこの釈迦仏説を証言したので阿弥陀仏に南無（帰依）することが人間最高の道の一つとなった。

極楽として空想でもなんでもなく、現前の自然界の実相を真心こめてながめたとき開けた本当の世界なのであろう。漢訳としては今から千六百年近く前に鳩摩羅什《くまらじゅう》の訳したものが一般に用いられる。しかしその前、三世紀前半に呉の支謙がすでにこの経を訳出していることを見ると、阿弥陀経による西方浄土、極楽世界へ往生の思想や観念は、早くから西域地方を経て中国に伝わり、また弘まっていたものとしなくてはならない。現在お通夜の折りにも読まれるが、もとより死者にだけ限定して考えるべきではない。むしろ死者をさえ安らかに浄土へ導く大きな功徳のこめられた尊い経の方面で考えられるべきである。

観無量寿経（かんむりょうじゅきょう）

略して観経、一巻。訳者は西域の畺良耶舎《きょうりょうやしゃ》で五世紀の人。見るというはたらきに、①見物のように離れてみる、②看護とか看守のように、付くでなく離れるでなくしてみる、③観仏のように自己をささげつくし、それと一つになってみるの三様がある。観経は無量寿（阿弥陀）仏を観ずることが主題であるが、この経の初めにはそれへの因縁を説いた「序分」がある。

釈尊在世の時、インド・マガダ国の王はビンビサーラといった。妃《きさき》のヴァイデーヒー（韋提希《いだいけ》）との間に子がなく、占わすと、王城の後ろ山に修行中の仙人が、期が満ちると王子になって生まれるという。老王と妃はもとより喜んだが、それも待ちきれず、人をやって仙人を殺させる。すると予言通り妃は懐妊したが、出産直前に再び占わせると、生まれる子は親を殺すという。妃は刀を敷きならべた上に出産したが、王子のいのちにはさしさわりなく、小指一本を切り落としただけだった。

成長した王子（阿闍世《あじゃせ》）が小指を欠かしたわけを知ると、父王を牢《ろう》に入れ食物を断たして、殺害を図った。しかし、数日経ても王の生きている理由が、母が隠れて王を助けるべく食物を運んでいるためと知るや、母をも殺そうとする。月光《がっこう》・耆婆《ぎば》の二人の大臣が、王者にして母を殺した前例はないと、激しく阿闍世を責めたてたので、韋提希も入牢させることに決める。

観経には、在牢の王妃が釈尊に救いを求めたことが因縁で、はじめに目連と阿難がつかわされ、つぎに仏自身が山を下って夫人のため、阿弥陀仏と観音・勢至の二菩薩を正しく観念し、極楽へ往生することを真剣に願う、その一つで助かると説いた次第が細かに語られている。

経の後半には、一般論として阿弥陀仏とその浄土に行く道が詳細に示される。その個所を「十六観」というが、はじめの十三には、極楽の荘厳《しょうごん》（かざり）と特に「真身」としての阿弥陀仏の礼賛が示される。残る三観には、人間の品等を上中下の三つにして、それぞれをまた上中下にわかち、ことに下の下（下品下生）に最も力が入れられている。

これは九品《くほん》の段といわれ、浄土往生すべき人柄を明かしたもの。たとえ最低の凡夫でも、ふだんの心のままでよい、南無阿弥陀仏とひと声称えさえすれば、極楽へ行けて必ず成仏できると語っている。そこにこの経が、無量寿経を本願(因)の世界、阿弥陀経を往生(果)の道として、浄土の三部経と称したなかの、信仏の縁を主眼とした特色を持つことがわかるであろう。唐の善導は、殊に観経中心の浄土家として『観無量寿経疏』四巻を作った。玄義・序分・定善・散善の次第によったものであるが、特に散善義において凡夫往生が強調された。

三部経中、観経だけ梵本《ぼん》がなかったが、漢訳をもとに高楠順次郎博士が英訳し、今は欧米人の間にも広まっている。法然の浄土教は唐の善導の観経に拠る平民主義により開かれたものだった。親鸞もまた『教行信証』中に、善導の『観経疏』に依りながら、観経を「要門」・阿弥陀経を「真門」として、ついに無量寿経の「弘願《ぐがん》門」へと三願に基づけて転入している。

法華経（ほけきょう）

妙法蓮華経《みょうほうれんげきょう》、というのが正しい。その略称である。けれどもインドの北西部で、成立したと考えられるこの経の原典（その名はサッダルマ・プンダリーカ・スートラ）は、はじめ比較的小さい、まとまりよい経典であったものが、しだいに増広してまず二一章にまとまる。その後六章加わり二七章の形になったものが原形である。現在のものは「見宝塔品《ほん》」の次に「提婆達多品《だいばたったほん》」が加わって二八章である。原本のできたのは西暦紀元前後か、それ以前といわれる。『妙法蓮華経』八巻は鳩摩羅什《くまらじゅう》（三四四―四一三）が五世紀初め頃漢訳したもの。しかしその前に竺法護《じくほうご》（二三一―三〇八）が十巻の『正法華経《しょうほっけきょう》』（二七品）に訳したものがあり、羅什訳ののちにも隋代にできた『添《てん》品《ぼん》法華経』というものがある。法護も羅什も西域《さいいき》（中国の西部）の人で梵語《ぼんご》（サンスクリット）と仏教の正意に深く通達していたが、とりわけ羅什は僧肇《そうじょう》（三八四―四一四）のごときすぐれた中国人学僧に助けられたから、その漢訳は光っている。阿弥陀経や維摩経《ゆいまきょう》も日本ではこの人の訳で読まれてきているのである。

法華経はインドでは龍樹《りゅうじゅ》（二、三世紀）や世親《せしん》（四、五世紀）によっても研究されたが、中国にきてからは梁の法雲（四六七―五二九）の『法華経義記』八巻、隋の吉蔵（五四九―六二三）の『法華義疏』十二巻等があり、法雲（光宅寺にいた）のものはわが聖徳太子の『法華義疏』四巻に大きく影響した。しかし中国での法華経研究の代表作は智顗《ちぎ》（五三八―五九七）の『法華文句』、『法華玄義』の両者で、共に二〇巻である。天台宗はこれに同じく智顗の『摩訶止観《まかしかん》』二〇巻を加えて三大部と称したものがもとになっている。

日本での法華経研究は四段にして考えられる。第一のはさきの聖徳太子（五七四―六二一）のもの。第二は伝教大師の天台宗。第三はその日本天台宗をもとにしながらも鎌倉仏教中では特色ある法華経精神の発揮になった日蓮上人（一二二二―一二八二）の日蓮宗。そして第四は明治以後百年中の、法華経の原典原文研究を中心にした新時代に相応する内外における法華哲学とその宗教的実践である。梵本和訳（南条・泉）、チベット訳・和訳（河口慧海）はじめ、フランス語・英語訳も出ている。姉崎正治《まさはる》『現身仏と法身仏』は法華経教理を現代ふうに説明したもの。

法華経の真髄は、釈迦仏を久遠《くおん》の実成《じつじょう》と信ずることと、声聞《しょうもん》、縁覚《えんがく》の二乗や小乗はもとより、一切の衆生《しゅじょう》がかならず仏《ほとけ》に成れるもの、いな成るものとする強力な実践実行にある。法華経の所説は開三顕一、つまり方便に声聞《しょうもん》・縁覚《えんがく》・菩薩の三乗が相対的なものとしてあったのが、時機を得て真実の大菩薩の一乗に開顕された所で、その諸法の実相なる理を明かすものである。常不軽《じょうふきょう》とて、どんなひとにも成仏のよびかけをした菩薩の話も出るが、そのよびかけの根底には草木国土の成仏までを確信する仏《ほとけ》の大慈大悲心への目ざめがある。観音信仰のより所となっている『観音経』も、じつは『法華経』の一章、『普門品《ふもんぼん》』がきり離して読まれたのである。縦横に譬喩《ひゆ》（たとえ話）の出るのも法華経の特色であるが、それだけ深く広く宗教心に富んだ仏典といえよう。

華厳経（けごんきょう）

法華経と並んで大乗仏教を代表する経典。蓮華《れんげ》の荘厳《しょうごん》（かざり）が経題の意味。ちなみに法華は、「正法の蓮華」のこと。蓮華はインドの国花で、仏教以前から神聖視されている。

仏教のより古い根本は、宇宙と生命を一つと見るウパニシャッド哲学にある。これを説明する理《ことわり》が因果であるが、華厳経においては縁起という。縁起は世界と人生のかかわりそのものである。そのさまを重重無尽《じゅうじゅうむじん》とまで説き明かし切って、いっさいの人間がそのまま仏である真理を華厳経として全面に盛った。

釈尊成道第三七日目の説とされ、仏のさとりが、この世の言葉となった最初のもの。中国では、五世紀の前半に覚賢が六十巻にして訳し、七世紀後半に実叉難陀《じっさなんだ》が八十巻に訳し、さらに八世紀末に般若《はんにゃ》三蔵が、また四十巻にして訳出したが、この分は先の両訳における最後の章「入法界品《にゅうほっかいぼん》」だけの改訳。それほどインド本土においてもその後も華厳は大きな広がりを見せていた。

これらの翻訳に基づき、中国では杜順―智儼《ちごん》―法蔵（賢首大師、六四三―七一二）―澄観―宗密（以上を華厳の五祖という）において、華厳の研究がすすみ、韓国でも中国の法蔵の時、元暁《がんぎょう》と義湘《ぎしょう》とが相次いで入唐し、机を並べて華厳を学んだ。日本へは天平八年（七三六）に唐僧・道璿《どうせん》が、華厳の疏《しょ》（注釈書）を伝え、四年後には新羅の審祥《しんじょう》が来て華厳経を講じた。それで、この人を日本華厳経の宗祖とする。そのあと良弁《ろうべん》が第二祖になり、東大寺を建てたのである。

「華厳《けごん》」といえば、年配の者は日光の華厳の滝を思いおこす。中禅寺湖から流れ出て、その末は大谷川になる湖水が大きな滝となって落ちているのである。日光には家康をまつった東照宮があるのであるが、これは天台宗に属する輪王寺と一体である。天台宗では仏教のさとりへの順を経典の名で示す。その第一が華厳経による華厳時で、以下、阿含《あごん》、方等《ほうどう》、般若《はんにゃ》、法華涅槃《ほっけねはん》の四時であって、全体として「天台の五時教」という。仏陀は華厳経を最初にお説きになったが、華厳は教理が深いので、これを聞く者、見る者にもわからなかった。そこで調子をおとし、阿含などで理解を深めさせてゆき、最後に法華等で本当のさとりに達したというのである。

華厳経の中心になる仏は、毘盧遮那《びるしゃな》、すなわち大日如来で、両わきに普賢《ふげん》と文殊《もんじゅ》の二菩薩がおられる。大相撲における横綱の土俵入りを考えるとよい。普賢は行願とて実践を象徴し、文殊は知恵とて理性を表示する。それぞれに白象と獅子《しし》が乗り物である。

入法界というのは、この世がまさしく浄土を証したときを言うので、近くは応身仏の釈尊がマガダ国の寂滅道場にいまし正覚《さとり》を成ぜられたままを指す。それが華厳のいわれであるとともにまたその結びでもある。華厳の道に教えられて、今の日本文化のあり得た次第を忘れてはなるまい。

維摩経（ゆいまぎょう）

維摩という居士《こじ》（在家の信者）が、文殊菩薩を相手に仏教の真理を談論し合ったお経。場所は居士の宅で、これを方丈といった。一丈四方の小部屋であったが、当日病床に臥《ふ》している維摩の見舞いに文殊さんの上がったのが、談論の起こり。

もともとお釈迦さまはすべてをご存じで、維摩の病は仮病。人々にこの身のもろさ、はかなさを教えようと方便に現出した芝居とは知りながら、舎利弗《しゃりほっ》をはじめ十大弟子を、まず見舞いに行かせようとなさる。けれども十大弟子も、これに次いでの諸菩薩も、みなわけを述べて辞退する。かつて一度ずつ維摩にやり込められたことがあるからである。そしてとうとう、文殊菩薩が立たれることになったもの。二人の問答を聞くために、文殊に連れだった諸弟子、諸菩薩はじめの大《だい》衆《しゅ》が、先の方丈の間にみな入ってなお余裕があったという。それは仏教の真理というものの、われわれにおける聞きあんばいを示すものである。これを逆に言えば、維摩の方丈が浄土の意味を持っているのである。

本来維摩は阿閦《あしゅく》仏が東方に建てられた妙喜という国で修行して仏になり、その本願でお釈迦さまのお手伝いに、この娑婆《しゃば》世界に人間の姿をとって現われたお方。維摩居士のさとりは、不可思議解脱といわれる。不可思議とは無限、または自由ということで、解脱の内容や実質がそのようなものなのである。

敦煌《とんこう》の千仏洞には、一番有名な場面として文殊と維摩の対論のもようが絵に彫刻に示された。

維摩経の成立は西紀前後と思える。この経が舞台としているベーサーリーの町が中インド東方、ガンジス河沿いの商業都市であることからすると、そこの市民の自由で民主的な生き方を大乗仏教のうちに反映したものでないかと考えられる。維摩経は文学的特色を大きく蔵しており、また文殊と維摩との対論形式には、現代のキリスト教弁証法神学者マルチン・ブーバーの創唱する「我と汝」の論理や、実存哲学の趣意が見られて、欧米人の間における大乗仏教の見直しそのものの上に、維摩は一つの重要な機縁の経となっている。

サンスクリットの維摩経を三巻の『維摩詰所説経』に漢訳したのは西域・クチャ国から中国に来た鳩摩羅什《くまらじゅう》であった。阿弥陀経も法華経もこの人による翻訳である。一般に維摩経は禅宗の方だけで考えられたが、念仏の道に深く通ずるものをもち、その方が原義であったとさえ言える。

聖徳太子も勝鬘《しょうまん》・法華に合わせて維摩経を採り、国土づくりを維摩居士の本願の心たる「大悲」の道でいとなまれた。

楞伽経（りょうがきょう）

禅宗で根本にする経の一つ。「楞伽」という言葉は、日本にはなじみが薄いが、原語は「ランカー」と言って、スリランカ国(もとのセイロン島)をさした名。古代インドを物語る長編詩『ラーマーヤナ』に、ラーヴァナという暴君がこの島に住み、インド本土の王子ラーマの妃《きさき》を奪ったが、ラーマは忠臣の協力のもと、妃を救い出したという話がある。この説話と同じ系統のものと思われるのが、桃太郎の鬼が島征伐なのである。

楞伽の懸記《けんき》というと、釈尊が仏滅の後、龍樹という大比丘《びく》（坊さん）が出るだろうと予言されたこと。その話が楞伽経に出ているから、この経はインド人だれもが知る歴史文学を背景に、宝の島とも言うべき大乗の仏教を大きく語ろうと、三、四世紀ごろに作られたものらしい。

事実、中国では『楞伽阿跋陀羅《あばったら》宝経』（四巻）の名で宋の求那跋陀羅《ぐなばっだら》（四九四―四六八）が五世紀前半に訳したのを初めとし、続いて元魏に菩提流支（七二七没）の『入楞伽経』（一〇巻）、唐の実叉難陀（六五二―七一〇）の『大乗入楞伽経』（七巻）が七、八世紀にそれぞれ訳出されている。他にいま一経漢訳本があったが今は失せている。現代になりその梵語原典（サンスクリット本）が発見され、鈴木大拙先生はこれを漢訳と並べて詳しく研究され博士になられた。ほかにチベット語訳もありこの経の広く行なわれていたことがわかる。

唐の浄覚が著した『楞伽師資記』という本がある。師匠と弟子の血脈のことで、先の『阿跋陀羅宝経』を訳した求那跋陀羅《ぐなばったら》を第一祖とし、二祖は菩提達磨《ぼだいだるま》、三祖恵可、四祖山粲《さんさん》、五祖道信、六祖弘忍と続く北宗《しゅう》禅の系譜である。

中国の禅宗は、弘忍まで一貫して楞伽の精神できたが、弘忍下の神秀と慧能で南北にわかれ、南宗系は楞伽に代えるに金剛経をもってしたものとする。おそらく弘忍に、楞伽に併せて金剛経を採る機運があったのであろう。この後、南宗禅は五家七宗の繁栄を続けて現在に至っている。『師資記』はまた、楞伽経による禅道の学習の盛況をつづっている。

楞伽経は化・功徳・智慧・如如の四種の仏身あるを説く。化仏は化身、功徳・智慧の二仏は報身、如如は法身である。これを唯識論でいう自性（法身）、他受用・自受用（報身）、変化（化身）や、のちの天台家の法・報・応・化の四身説に見くらべても傑出した仏身観であるといえよう。中国の禅家がそれらの点に深く着目したことも偶然とはできないのである。

インドの大乗仏教では、如来蔵（仏性）といって、人間の宗教心を発動的に考えるものと、アラヤ識（阿頼耶）といって、人間性（我性）に執着する方面から仏道を理解しようとするものの二派がある。楞伽経は、この両説を合一しようと試みたものと言える。

われわれの迷いのもとは、遠い過去世からの知らぬ間の習わし（宿業）で、自身の現に見聞きしている現実界が、すべてわが無明（無知）心の演出によるものであることに気づかない。

六方礼経（ろっぽうらいきょう）

六方礼というバラモンの法があって、早朝に沐浴し、六方（東、南、西、北、下、上の各方）を敬礼《きょうらい》するのである。それによって命《いのち》と財《たから》を増長させるのが目的。ところでお釈迦さまのとき、王舎城に善生《ぜんしょう》という長者の子があって、父の命をうけ、毎朝その沐浴、敬礼の法にしたがっていた。仏はこれを見、そのいたずらに命財を執着するのをあわれんで仏法の六方礼を説かれた。まず父母を東方とし、敬いの心でこれに従う。つぎに師長（目上の者）を南方とし、同じく敬いの心でこれにつかえる。三に妻婦（女性）を西方とし、敬愛の心でこれに対する。四に親族を北方とし、尊親の心でこれに接する。五に童僕（お雇いさん）を下方とし親切に教えることでこれに対する。六に沙門《しゃもん》（修行僧）バラモン（坊さん）を上方とし、最も尊信してこれに応対する。

このように諸方を礼拝尊敬すれば、死後は天に生まれる。善生は在家の人（これを優婆塞《うばそく》という）なので生天に託して教えられたのである。

六方礼経は中国にも早く伝わり温柔と恭敬《くぎょう》の心で、いつも善行にはげむのが仏教道徳と学んだ。その影響は日本にも大きくおよんでいる。阿含《あごん》部の善生経というのも六方礼経ともとは同じである。

起信論（きしんろん）

大乗起信論のこと。岩波文庫本で八十八ページの分量に過ぎないが、大乗仏教のかなめが盛られている。インドの馬鳴《めみょう》菩薩が作り、中国の梁時代、真諦《しんだい》三蔵が訳した。これをもとに中国では慧遠《えおん》と法蔵、韓国で元暁《がんぎょう》の三人が傑出した注釈を作り、合わせて「起信の三疏《しょ》」といわれる。

起信論の教理は如来蔵縁起といわれ、人間の一心が、片や真如、片や生滅と、永遠に栄える方面と生涯で終わる方面とにわかれる。それを二門という。一心は体（本質）、栄える方は相（様相）、終わる方は用《ゆう》（作用）であり、しかも体相用が基本を一にするからこれを「大」の一字にまとめて三大と称する。大には勝（すぐれる）一（まとまる）多（ひらける）の三義があり、「大乗」の大も、それである。

起信論はまことに体系的で、以上の一心、二門、三大のあとにも、四信、五行として、全体を会得《えとく》しやすく示している。四信は真如を信ずることと、仏法僧の三宝を信ずることとを合わせたもの。五行は、その実内容は、六度（六波羅蜜）で、布施、持戒、忍辱《にんにく》、精進の四は一般に言うものと同じだが、五の禅定を止、六の智慧を観として、第五に「止観」の一行にまとめ示したのが、起信の五行。論は最後に、凡夫には阿弥陀仏を信じ、その浄土に往生して成仏する道があるものと語る。明治の傑僧島地黙雷は、したがって五行の次を「六字」の一目とした。

臨済録（りんざいろく）

臨済宗を開いた唐代の臨済義玄《ぎげん》（八六七年寂、生年不詳）の語録、一巻。弟子の慧然《えねん》が記した。流布本では、宋の馬防の序が初めにあり、①上堂、②示衆、③勘弁（思想）、④行録（行状）の四部に分れる。上堂（入道場）と示衆（説法）は一連のもので、ただ前者にはいささか弟子にのぞむ厳しさが見られ、後者には多少のくつろぎがある。

義玄は幼くして仏教を好み、出家の後、諸方に師をたずねる。黄檗《おうばく》禅師に会い「仏法はどういうものか」と聞いて、三度まで尋ねるごとに棒でしたたかにたたかれた。そのわけがわからず、いったんは大愚という別の師匠のもとへ行ったが、のち再び禅師のところへ戻り、その法をつぐことになった。死ぬ十七年前に、鎮州城（河北）の臨済院に住み、また興化寺（大名府）にかえった。その弟子接得（教育）の風が、師にも習って辛らつ極まるもので、世に「黄檗の棒・臨済の喝《かつ》」という。中国禅に五家七宗あるうち、臨済は一番に活気があったとされるが、いま臨済録を読むと、その理由もわかる。慈悲心ゆえの棒喝なのである。

「臨済大悟」の故事は、『臨済録』と共に『従容録』（六巻、宋代に曹洞の万松行秀禅師作）にも出る。再び黄檗のもとに戻ったのは、大愚が臨済の言い分を聞きながら、「黄檗は何とした老婆親切のことであるか」と歎じた上、「その親切心も分からず、何を自分に過ちありや、なしやなどうろつきまわっているか」の言を為したそのま下に大悟したものと出ている。『録』にもとづく公案に「臨済四喝」「臨済真人」等がある。四喝は、臨済が僧（雲水）に「喝には金剛王の宝剣・踞地金毛の師子・探竿影草の如き・一喝の用をしないの四種あるが、何れを採る」と聞いた時に、何かを言おうとして忽ち一喝に会った話。真人は、「赤肉団上《しゃくにくだんじょう》に一無位の真人あり、常に汝等諸人の面門より出入す」と臨済が示した時、「何れが無位の真人か」と聞き返す雲水に対し、座を降りて胸ぐらをつかみ、「無位の真人、是れ代麽《いんも》の乾尿橛《かんしけつ》（くそかきべら）」と叱りつけさっさと方丈へ帰った話。その遷化に際しても「臨済瞎驢《かつろ》」の名で残る正法眼蔵への道念明示で終った。

「無事《ぶじ》これ貴人《きにん》」というのは、茶道で大切にする語であるが、それも臨済録が出典である。「りんざいは無事と言って無心とは言わぬ。わずか一か処無心の文字が見え、無事はいたるところに見ゆ」（鈴木大拙）の評があるように、二十回以上臨済録には無事の語が現れる。無事は無傷ということ、難に遭いながら、しかもその難によって害されぬということ。そこに平生の修練がある。平常是道心、道心を保ちながら、ふだんの日暮らしに臨むことである。信の浅い人には、とうていそういうことはできまい。西田幾多郎博士は著作中に、『臨済録』の「無用功処」（功を用いる処なし、手がらの思いをしない）の語を愛引し、また『歎異抄』と『臨済録』さえあれば、どこへ流しものに合ってもよいと言った。

インドの大乗経典を含めた、高く、深い思想原理を最も広く人生体験に具体化した点、臨済とその歩みの跡は、現代にも清涼な救済の一浄剤である。

無門関（むもんかん）

正確には『禅宗無門関』。中国南宋の無門慧開《えかい》（仏眼禅師）が、古人の公案四十八則を選び、その一々に評釈を加えた。これを一巻の書に編んだのは門人の宗紹である。

公案はもともと公文書の下書きを意味したが、それが禅宗の参究課題に転用され、参禅者に示して坐禅工夫させる問題のことをいうに至った。中国は故事を大切にする国がらである。

仏教は大きく教門と禅門に分けられる。それも中国に来てからのことであるが、禅の特色は言葉でなくて心と行動である。いま無門は仏心の異名で、さながら禅宗をさす。そして関の一字は出入り口で、無門の世界への用心ぶかい対応を示すと考えてよいであろう。『無門関』四十八則中の第一則は「趙州狗子《じょうしゅうくす》」である。

あるとき一僧が趙州禅師に問うた。「狗子、犬にも仏性があるものか、それともないものか」と。釈尊は「一切衆生にことごとく仏性あり」と言われた。それでそういう問いも出たのである。ところが、禅師はただ一言「無」と答えられた。趙州に対しそのような問いを発するのは、その僧ばかりでなかった。また禅師もその問いあるごとに「無」とばかり言われたのでもなかった。時には「有」とも答えられた。つまり、あるとかないとかいう詮索《せんさく》（これを分別という）そのものを捨てさせるのが禅の本旨であり、したがってまた仏教の本分なのである。

無の一字に徹しうれば、まさに大悟である。『無門関』には各則ごとに「本則」といって、公案所伝のままを掲げ、次に「評唱」（説明解釈）を出し、終わりに自作の「頌《じゅ》」（歌）を添えている。だから、読んで楽しく聴いてますます禅門への歩みが確かになる。

世尊拈花《ねんげ》、平常是道、不思善悪、非心非仏などの諸則は、淡々と仏道がわれわれの日常生活の中にこもっていることを教える。「世尊拈花」（六則）は「拈花微笑《みしょう》」と称し、むかし世尊が霊山《りょうぜん》会上《えじょう》に在り、華を拈じて衆に示せど、衆は皆、黙然としていた。ただ迦葉ひとり破顔微笑した。世尊は、吾に正法眼蔵・涅槃妙心・実相無相・微妙法門・不立文字・教外別伝あり、摩訶迦葉に付嘱すと申されたのを指す。古来禅門の人はこれを宗門第一の口実とし、同宗以心伝心の根拠、一宗の最大事としてきた。

『無門関』のほかに『碧巌録《へきがんろく》』（十巻）と『従容録《しょうようろく》』（六巻）も禅林で提唱（話題にすること）される場合が多い。が、無門関には最も詩味があり親しめる。それが古来、禅門公案頌古《じゅこ》（昔をたたえる）の巨璧《きょへき》（大きな玉）といわれる理由である。

慧開には日本の心地《しんじ》覚心が渡宋して弟子になった。心地は普化宗《ふげしゅう》の開祖で、尺八を吹く虚無僧《こむそう》は同宗に由来する。

ちなみに禅宗のことを無門宗という。無門とは仏心の異名である。『宗鏡録《すぎょう》』には、『楞伽経』の「一切の諸度の門、仏心を第一と為す」等により、「言う所の宗とは、いわゆる心の実処なり」としている。

往生要集（おうじょうようしゅう）

単に『要集』ともいう。およそ千年前の寛和元年（九八五）頃、比叡山にいた源信僧都《そうず》（九四二―一〇一七）によって書かれた三巻の仏書。源信は平安時代なかばに比叡山の山腹にある横川《よかわ》の恵心《えしん》院で、天台宗の学問や修行をしていた。僧侶としての位が僧都であったから、源信僧都とも恵心僧都とも称する。

源信は早くに父を失い、菩提《ぼだい》をとむらう意味もあってか、母を郷里大和葛木の里にのこし、叡山の良源（元三《がんざん》大師）という大徳について、天台の奥義を授かる。

『要集』は、僧都四十三歳の作で、極楽往生に関し、経論中に出ている要文を、広く選集したもの。初めに地獄・極楽のことが鮮明に説かれたので、世に『要集』と言えば、八大地獄（等活・黒縄・衆合・叫喚・大叫喚・焦熱・大焦熱・無間）の恐ろしい描写を連想する。が、本来地獄行きにしか道のなかった者が、仏の知恵と慈悲で、極楽に向きかえさせられるところにこそ、念仏の真の趣意がある。

『要集』の眼目は、もっぱらその称名と念仏の道をはっきりさせるにあった。

天台の教えは止観《しかん》といって、（一）あれこれの分別を絶ちああにこうにとの邪念を離れ、わが心を一境に定め置く「止」（坐禅）から、（二）くるいのない正知を発し、分明に諸法（内外の環境）を照見する「観」（知恵）に広がる大道である。

止は空（真知）の道で「一切皆空」と示し、観は再びもとの有（生滅）にもどる慈悲心で「空亦復空」（空とすることもまた空であれば、ありのままということ）と言われる。先の良源が、維摩《ゆいま》経と起信論とで明らかにしていた、この摩訶《まか》止観なる大道を、源信はさらに日常生活のなかの信心の理法にまでおろして、民衆的に示したと言える。

『要集』はできて程なく中国の天台山国清寺へ送られ、浄土教学者の目にとまったが、当時として仏教の先進国である中国でも、「要集」の説いた念仏の教えのすぐれたことが感嘆された。それというのは、僧都の浄土教が学問的に理解深く、また時代を見ることにおいて寸分たがわず、人びとの願いを大きく満たすものであったからである。称名念仏の道は、比叡山（天台）ではまだ傍流でしかなかったが、これを本流にかえしたのは『要集』を徹底的に研究した法然や親鸞で、そこでは念仏為先・為本とて、称名念仏の道こそが本筋ということになった。

『要集』を作る前年、源信は久しく離れていた母を夢見し、急ぎ帰郷して臨終に会う。「われを今日あらしめたは母なり。されど、その母に今日あらしめたるもこのわれなり」と、母子相共に、前世から仏道を求める善友《ぜんぬ》であったこと、遠い昔からの宿縁の中にあらしめた仏恩を謝せられたという。『往生要集』そのものが、亡き母にささげる最大の孝養と報恩の書であったのであろう。

この世の実態が地獄であれば、これを救う極楽のあることは必然である。「厭離穢土《おんりえど》、欣求浄土《ごんぐじょうど》」

というのが『往生要集』の初め二章の題目でもある。以下「極楽証拠」から最後の第十章「問答料簡《りょうけん》」まで、極楽に往生する方法とその説明がだれにもわかりやすいようになされている。念仏には観念という特別なむずかしい方法もあるが、そういう専門家の道でなく、いな、すぐれた専門の道なればこそ、それを民衆に広く開放しようと僧都は努め、称名のもと、ただ阿弥陀仏のみ名をとなえるだけで、かならず極楽に往生することができるという本願の道を明らかにされた。これをもとに、つぎの鎌倉時代に法然上人（源空）や親鸞聖人が出られ、日本の浄土教は独立した世界的な大宗教になりえた。

西洋哲学とのみ見られている西田幾多郎先生の哲学も、本当は浄土教教理を骨組みとするもので、恵心僧都もそうであったが、西田博士はまた母の真宗信心で自身の宗教心をみがかれたひとである。

いま平安のいにしえを顧ると、仏教でいう正像末の三時中、ようやく末法時の闘諍《とうじょう》の世にうつり、ひとびとの意識は浄土教で説く極楽に一途に向かった。そして現実の世界は『要集』が示す「地獄」の実相を感じさせた。『要集』には九五二文も多くの諸経論からの引用があるので、その用意はもとより青年期から心掛けて為されていたと思われる。奥書きには永観二年（九八四）から明三年にかけての作とする。また中略した六章は、正修念仏・助念方法・別時念仏・念仏利益・念仏証拠・往生諸業で、学解の高さが見られる。

選択集（せんじゃくしゅう）

正しくは『選択本願念仏集』。浄土宗の宗祖源空、すなわち法然上人（一一三三―一二一二）が著した。一巻ではあるが、内容は浄土教信仰のかなめに触れていて、最も重んじられてきた。

「選択本願」にはふたいろの意味がある。一は阿弥陀仏の四十八願全体をいう。それは、仏《ほとけ》が法蔵比丘《びく》（修行者）のとき二百一十億（インドではそういう数え方をする）という、多数の諸仏の国土中から、その善悪と文化度の高低を見て、高尚善美なものを選びとられたのが、四十八の形になったのを指す。

二は四十八願中でも第十八のもの（王本願）を特別視して中心においた時の考え方を指し、『選択集』でいうのもこの後の意味である。なぜなら、法然上人の宗義は、諸善万行という道徳主義や自力《じりき》本位の道をさしおき、専ら他力本願の念仏の一行を取るという意味に定まらせたもので、第十八の願いにその根拠があったからである。

上人が専修念仏を称えて浄土一宗を開かれたのは、安元元年（一一七五）春三月、四十三歳であった。その後六十六歳の時、かねて深く上人に帰依していた九条兼実公の求めで、往生浄土の大道を論述されたのが、この集である。

本文に入る前に「南無阿弥陀仏。往生之業《しごう》、念仏為先《いせん》」と書かれている。浄土の法門は、六字の名号《みょうごう》におさまりつき、またそこから開ける。説明すれば、往生のわざには念仏（称名）が優先し、第一等であるということ。さらに、そのわけを浄土の三部経（無量寿経・観経・阿弥陀経）と、善導の『観経疏《しょ》』等により、詳しく説き述べられたのが、本書の全容である。

最初に、善導の先輩である道綽《どうしゃく》の『安楽集』がひかれ、聖道を捨てて浄土に帰する意味が明らかにされる。次に『観経疏』により雑行《ぞうぎょう》（自力）を捨てて正行（念仏）に帰する理由が示される。十六章から成るが、最後に「仏名を称する正定の業により往生できる保証は、ひとえにそれが仏の本願によること、そのことの中にある」という結語がなされた。念仏の道に、およそ異なことは一つもない。それを信心正因というのである。

なお本集の書名の読み方であるが、標記の「せんじゃくしゅう」は真宗のそれに従ったもので、浄土宗では「せんちゃくしゅう」と読みならわす。書題下の「南無阿弥陀仏」は一行に大書され、そのさらに下に「往生之業・念仏為先」が二行に割註されている。最後の結語も真宗では「総結の文」、浄土宗では「略選択」と称して重要視する。再説すれば、「速かに生死を離れようとするなら、二種の勝法である聖道・浄土の二門のうち、まず浄土の方を選ぶべく、次に浄土門に入りては正雑二行のうち、必ず諸雑行を抛《なげう》ち、選んで正行に帰すべきである。三段目に正行を修するについて、正助二業中、なお助業を傍《かたわ》らにし、選んで正定《じょう》を専らにせよ。正定の業は仏名を称することできまって往生ができる。」というのがその内容である。親鸞は元久三年（一二〇五）三十三歳の時、本書の書写を許され、その感激を『教行信証』の後序にしたためている。

一枚起請文（いちまいきしょうもん）

浄土宗を開いた法然上人は、七百七十年ばかり前の建暦二年一月二十五日、八十歳で亡くなった。その二日前、用紙一枚の長さに浄土往生のかなめを書き残されたのが、世に『一枚起請文《きしょうもん》』（単に『一枚起請』ともいう）と称されるものである。

弟子源智のもとめで筆を執られたと伝えられる。上人なき後、往生の道について、異義の生じることを恐れられたからという。次の三段にして読むことができよう。

（一）　念仏の道は、中国から日本にかけての諸学者がいう観念の「念」でも、その念の心を「仏」と悟って申すそれでもない。ただ往生極楽のためには「南無阿弥陀仏」と称えるだけで足りると信じ、念仏するほかに意味がない。三心（至誠・深心・回向発願）、四修（恭敬・長時・無余・無問）の細かい道理も、みな南無阿弥陀仏で往生する中にこもる。

（二）　この南無阿弥陀仏のほかに、奥まった道があるものと考えると、弥陀・釈迦二尊のあわれみ（釈迦は行け、弥陀は来いと申される）にはずれ、本願にもれることになる。

（三）　念仏を信ずる人は、たとえ一代の仏法を学んでも一文《いちもん》不知《ふち》（何も知らぬ）の愚鈍の身になり尼入道《あまにゆうどう》の無知のなかまに同じくして、知者のふるまいをせず、ただ一心一向に念仏せよ。

われわれが知る歎異《たんに》抄《しょう》の第二節と同じ趣の教えである。浄土教では、行者の心の落ち着け方を安心《あんじん》、そのおこないを起行《きぎょう》、そして日々の心構えを作業《さごう》と言うが、先にふれた三心が安心、四修が作業である。また、起行は読誦《どくじゅ》（経論を読む）、観察《かんざつ》（浄土を想念する）、礼拝（仏前にひざまずく）、称名（念仏）、讃歎供養の五つを正行とする。前の三つと後の一つが助業で、第四の称名正行だけが、正定業《しょうじょうごう》である。行儀にも平生《へいぜい》、別時、臨終の三態があるが、平生が大切であることは言うまでもない。いま起行は字句として文面に出ぬだけである。

一枚起請文には、ひとびとの心を極楽に向けてなびかせる上人の慈悲の徳があふれている。『法然上人行状画図』には、「上人終りの時ちかずきたまい、勢観房（源智のこと）は、念仏の安心年末《あんじんとしごろ》お教えにあずかりましたけれども、なおご自筆にて肝要とご存じよりのところ、一筆《ひとふで》であそばされ、たまわられてあとの御かたみにおそなえいたしたいと申したところ、ご染筆ねがいえたもの（中略）、まことに末代の亀鏡にとおくだしになったものか」（第四五）と書かれている。上人ご自身も、「浄土宗の安心起行、この一紙に至極した。わたし（源空）のおもい、これ以外に全く別なことわりはない。滅後の邪義をふせごうがため、所存を書きおわった。」（同上）とのべられてある。全文わずか一紙ながら、「ただただ往生極楽のためには、南無阿弥陀仏と申すばかりで疑いなくそれが叶うと信じて称える以外に、別のことわりは無い」とハッキリさせている。そこに後の親鸞亡きあと、唯円坊によって『歎異鈔』が著されたときの「異を歎」じた心に共通したものを見ることができる。疑うは易く異を唱えるもさほど困難でないことが信仰の道にかかる古道今の実際のようである。それだけ信ずることの真実やそのけだかさを感ぜしめられる。

横川法語（よかわほうご）

「念仏法語」ともいう。源信（九四二―一〇一七）作。源信は横川の恵心院にいたから恵心僧都と言われる。僧都の数多い述作中、最傑出した法語（平易に説かれた仏教指導書）で、主著『往生要集』全六巻のエキスのようなもの。書きだしに「それ、一切衆生、三悪道《さんまくどう》をのがれて、人間に生まるる事、大《おお》きなるよろこびなり」とある。三悪道は地獄、餓鬼、畜生の三種の世界。いま法語には「身はいやしくとも畜生におとらんや。家まずしくとも餓鬼にはまさるべし」とあり、さらに「心におもうことかなわずとも、地獄の苦しみにはくらぶべからず」と示している。

身が卑しければ発奮して菩提《ぼだい》心（仏になろうとする思い）を起こそうし、それが人間に生まれ得た喜びであり、ひいては、この世の生きがいである。たとえわが身に仏を信ずる心が浅くとも、これを上まわる衆生済度（すくい）の仏の本願であるから、頼みしだいに往生する。本願に会えた喜びにつけ、生まれつきの妄念《まどい》は気にもとめず、その生地のまま一生を念仏し終わり、来迎（仏のお迎え）に預かり、蓮台《れんだい》に乗った途端に不思議や、妄念が一転、さとりの心になるのである。

「妄念のうちより申しいだしたる念仏は、濁りにしまぬ蓮のごとくにして、決定往生うたがいあるべからず」。妄念をいとうひまに、わが信心の浅さをなげき、志をいよいよに深くし、常に名号を称えるがよい、というすすめである。

歎異抄（たんにしょう）

親鸞の直弟子、唯円《ゆいえん》によって書かれた親鸞の語録。聖人の死後、浄土往生の念仏の道について、さまざまな異説が現れ、それを歎き憂えて、その間違いを正そうとしたのが、編集の動機である。初めに漢文の序があり、「わたしがあれこれ思いめぐらすのに、先師（親鸞聖人）が口ずから申された真信（真実信心）にたがうことが、いろいろあるのは残念で、それでは後学（後輩者）たちによって間違えられる心配がある」と説かれている。

本文は前後十八節の和文からなり、その後にこれまた和文の結び（唯円の述懐）がつくが、本文中の初め九節だけが親鸞の直語である。

第十節は「念仏の道は不可称、不可説、不可思議だから、無義（はからいがない、説明できない）をもって義（説明）とする」と、聖人も仰せられたとして、親鸞からの引用語句を総じて締めくくりながらも、以下にはすべて唯円が心得た聖人の信心の道を、力強く説いている。

『歎異抄』は読みちがえると、かえって間違いのもとになるので久しく公開されず秘密扱いにされてきた。それが明治になって時代の文運とともに、だれにも知らされるようになり、親鸞の宗教的世界が表わされているものとして、現在では最も重んじられている。

「弥陀の誓願不思議にたすけまいらせて、往生をばとぐるなりと信じて（以上第一段）念仏もうさんと思いたつこころの起こるとき（第二段）すなわち摂取不捨（おさめ取って一人もあまさない）の利益（役だち、しあわせ）にあずけしめたもうなり（第三段）」が、第一節中の最初の一句である。これを真実宗教（浄土往生の道）の体とすると、それ以下の「弥陀の本願には、老少善悪のひとをえらばれず、ただ信心を要とすとしるべし。そのゆえは、罪悪深重（罪がまことに重い）煩悩熾盛《ぼんのうしじょう》（悩みわずらいが、いとも盛ん）の衆生を助けんがための願いにてまします」は宗教の相。そして後の「しかれば本願を信ぜんには、他の善も要にあらず、念仏にまさるべき善なきゆえに。悪をもおそるべからず、弥陀の本願をさまたぐるほどの悪なきがゆえに」は、同じく宗教の用《ゆう》（はたらき）と見られよう。

体は根本、相は展開、用は同じものの作用なのである。『歎異抄』は繰り返し読んで弥陀如来、本願のいわれを正しく知りぬくことにこそ、真の深い意味があろう。

唯円のほかに如信（慈信房善鸞の子、すなわち親鸞の孫）もしくは覚如（本願寺三代留守職、覚慧法師の子、即ち覚信尼の子で、親鸞からはその玄孫）を作者とする説もある。しかし本文中に二度も唯円の名が出て、その方とするのが定説。前半一〇の各章には、阿弥陀仏の信仰について、親鸞が生前くりかえし述べたかなめの言葉がおさまり、あとの八章は、それをさらに唯円が、おぎなったものと言える。

弥陀《みだ》の誓願不思議で助かり、浄土往生をとげるものと説きはじめ、親鸞においてはただこの道しかないと告白し、仏心のまことに目ざめてみれば、罪悪のものこそ一番さきに救いの対象であったと知るしだいが明かしてある。

念仏は、完全に仏のかたにおいて、なしとげられたものであるから、われらには、ただ一心一向に、これを信ずるばかりである。

この世で親と子、夫と妻、あるいは兄弟姉妹という人間関係であっても、それは、しばらくのもので、ついには、みなが仏になり合うて、いまだ信心をえないひとを助けおこさねばならぬ。それにつけても銘々が、いそぎ仏となろうとすることの方が先決である。いそぐとは、身をいそがせ、心をいそがせ、やがて、いそぎのない仏の浄土に生まれ、そこから、ふたたび、この世にかえり、はたらかせてもらえると言うから不思議である。

聖人なきあと、勝手きままな信心ざたが現われたので、そうした異義を嘆き、かなしむ意味で、この書ができた。

先哲・西田幾多郎博士も、この書物や『臨済録』のごとき仏書さえふところに出来れば、遠い島へ流されても、さびしくないと言った。

教行信証（きょうぎょうしんしょう）

親鸞の主著。正確には『顕浄土真実教行証文類《けんじょうどしんじつきょうぎょうしょうもんるい》』と言い六巻ある。聖人を宗祖とする浄土真宗はこの書によって開かれた。本願寺派（お西）が本典《ほんでん》と呼ぶに対し、大谷派（お東）では本書《ほんじょ》と称する。書題中、教行証の三字は古くからあるもの、仏のおしえが教、それを修するのが行、それによってさとりを得るのが証である。同時に、釈尊在世中ならびに仏滅後五百年（千年ともいう）の間は教行証が正しく実現したから正法《しょうぼう》の時で、それ以後の像法《ぞうほう》、末法《まっぽう》の時期には証が欠け、あるいは行証が共に欠けるとする正像末観念とそれへの宗教的反省が、著者においていちじるしかったことを知らせる。六巻の巻名が順次、教・行・信・証・真仏土・化身土であることは、この綱格による浄土教の教理的ならびに実践的の理解と体得であることを示し、とくに教行証の三法中にくりこまれた「信」の一法が大きな特色を成すものであることが知られる。戦時中結城令聞博士が信巻別撰の論を学界に向けてなしたが、それに限らず教行信証はは広く研究されており、海外にも鈴木大拙英訳などを通じしだいに知れわたりつつある。

全文漢文であるが、大無量寿経をはじめとし、多数の経論、あるいはその末註からの引用が多い。しかも特に無量寿経をもって、「真実の教」としたことが根本で、具体的には同経所出の阿弥陀仏の本願（四十八あり）の中でも第十八を中心に数願を指定し、それにより他力回向と念仏往生の趣意を明らかにしようとした。

この書には序文が三箇所にある。最初のは巻頭で「総序」といい、つぎは信巻の前で「別序」、第三のは巻末で「後序」という。これらの三序がいずれも名文で、しかも宗教的体験の極致を表明したものであることもこの書の大きな特色といえる。特に「後序」には承元元年（一二〇七）の法難を記述し、またそれより七年前建仁元年、源空との出会いは「雑行を棄てて本願に帰」した次第を明かしている。

親鸞は九歳にして慈円のもとで出家し、比叡山には二十年間いて、六角堂に参籠が機縁で聖徳太子の夢告により源空の門に入ることで下山した。三十五歳、師と共に流罪の身となり、聖人は越後におもむく。遠流《おんる》は五年目に解け、三年後に常陸へ行き、五十二歳の時(元仁元、一二二四)、同国稲田行化《ぎょうけ》中に本書が書かれたという。草稿本はもと浅草報恩寺に蔵せられ、のち浅草別院に移り、大正十二年東本願寺に納められた。坂東本《ばんどうぼん》という。写本は西本願寺、高田派専修寺《せんじゅじ》にある。存覚の六要鈔（十巻）は聖人滅後九十九年目に出た最初のまとまりある本書の研究書である。

大経の体は南無阿弥陀仏で、それは第十七諸仏咨嗟《しさ》の願にあらわれた大行、その大行を真実報土の正業《しょうごう》と信ずる真実信心こそは、第十八（至心信楽《ししんしんぎょう》）の願に明らかにされたとする。以上は行、信両巻の趣意で最も重要である。これら行信の因による所得が往生即成仏の証果で（第十一必至滅度）、無量の光明と寿命（第十二、十三の両願）の真仏真土も、観経、阿弥陀経（第十九要門、二十真門）に依る化の身土も、その理は文類の心に包んで述べられた。

和讃（わさん）

和、つまり和国日本のことばで歌のかたちにより、仏・菩薩・高僧などの徳を讃《ほ》めたもの。七五調の四句を一連とする今様《いまよう》体の歌で、平安から江戸にかけてさかんに作られた。親鸞がこしらえた「浄土和讃」などはいまも朝夕によまれる。

中国では漢讃という。もとより漢詩の形であるが、内容はやはり仏徳をたたえたもの。韓国では、いまも仏殿ごとに、殿舎の外側の柱の全体に漢讃ににせた仏語が聯《れん》にして書き出されている。仏典から適切な句を選んだものである。

これをさかのぼるとインドの梵讃《ぼんさん》が和讃のもとになるので、バラモン教で根本にする『ヴェーダ』はやはり梵天（ブラフマン）を讃美するもの。それが仏教にうつされても梵讃と称する。

宗教は生活にいきたもの、いかされたもの。部屋の広いせまいによらず、姿勢ただしく、仏徳を念頭において大声で和讃をうたうことは、心をきよめ生活を高くし、やがて内外に平安をもたらすゆえんである。

和讃を著作した人は他にも多い。しかしその量としては親鸞が最大である。これを「浄土」「高僧」「正像末」の三にし、『三帖《じょう》和讃』の名で一括する。他にも『皇太子聖徳奉讃』および『大日本国粟散王聖徳太子奉讃』が含まれる。

正法眼蔵（しょうぼうげんぞう）

日本曹洞宗の開山道元（一二〇〇——五三）によって書かれた九五巻の仏書。『永平正法眼蔵』ともいうのは、禅師が越前に永平寺を開きそこに住された（一二四四以後）にもよるが、それより約百年まえ、宋（中国）の宗杲《そうごう》（臨済宗）にも六巻の同名書（侍者慧然が編した）があったのと区別する意味もあったろうか。禅師の深い宗教体験にもとづけ、平仮名書きで仏道の真髄が独創的にのべられている。現代の代表的な科学者哲学者もこれに参究して著述している。

寛喜三（一二三一）年八月、中国から帰った道元は、深草安養院で「弁道話」一巻を記す。それが正法眼蔵の最初のもの。続いて翌々年夏から一一年間中に宇治興聖寺で「摩訶般若波羅蜜」より「葛藤《かっとう》」までの四四巻を、次に波多野義重方で「全機」、六波羅蜜寺で「古仏心」各一巻を書く。このあと越前時代吉峰寺で「三界唯心」より「大修行」までの二四巻、禅師峰で「見仏」より「龍吟」まで五巻、そして永平寺では四六歳の時、九ケ月中に「虚空」より最後の「八大人覚」までの九巻を成す。

禅師の本領は本証妙修の只管打坐《しかんたざ》で、日々の行持をもっぱら報恩のため正しく修するもの。また面授嗣法《めんじゅしほう》と公案が重んじられ、それらのすべてがさきのごとき行修の体験を通じながらいちじるしい日本語的表現に託し特色ある文化表明になった、それが眼蔵なのである。その「深い思索と鋭い論理」(増永霊鳳の証言)は「全一の仏法」の立場から、宗教のセクト化を排したもの。もと正法眼蔵の語は涅槃妙心《ねはんみょうしん》と対句をなし、釈尊が釈迦仏として摩訶迦葉《まかかしょう》(大迦葉)に付託しようとした仏教の本心中核で、仏心の徳名である。禅門は教外別伝《きょうげべつでん》で「以心伝心」を本領とするが、これを主観的には妙心、客観的には妙法(法華経)と解した。禅宗とは仏心宗なのである。その仏心の体こそが涅槃妙心なのである。

弁道話中に、「いまをしふる功夫《くふう》弁道は、証上に万法をあらしめ、出路に一如《いちにょ》を行ずるなり。」と。われが万法に証せられわが行に天地の根源に参ずるものがある。人人《にんにん》の分上にゆたかにそなわった正法なれど、修せざるには現われず証せざるには得られない。はなてば手にみち、かたればロにみつるほどのものを、一多のきわなしに、縦横にのべつくそうとされる。嗣書中には「仏仏かならず仏仏に嗣法し、祖祖かならず祖祖に嗣法する、これ証契《しょうかい》なり、単伝なり」という。無上(阿耨多羅三藐三《あのくたらさんみゃくさん》)菩提のことをさす。

道元禅師には『普勧坐禅儀《ふかんざぜんぎ》』や『永平初祖学道用心集《がくどうようじんしゅう》』の類もあり、いずれも重要であるが、一宗の思想と行儀の根底を確立したのはこの正法眼蔵であるといわねばならない。後継者として孤雲懐奘《こうんえじょう》(一一九八—一二八〇)のごときすぐれた禅僧が得られ、日本曹洞禅の基礎が定められた。懐奘には『正法眼蔵随聞記《ずいもんき》』があってよく師意を継承している。その一節に、「示していはく、仏子といふは、仏教に順じて直《じき》に仏位に到るためなれば、只《ただ》教に随って工夫弁道すべきなり。その教に順ずる実の行といふは、即今の叢林《そうりん》(禅門のこと)の宗とする只管打坐なり。」とある。

修証儀（しゅしょうぎ）

具に『曹洞教会修証儀』と言い、明治二十三年、滝谷琢宗《たきたにたくしゅう》、畔上楳仙《あぜかみばいせん》が、在家人に安心起行の基準を示すために、道元の『正法眼蔵《しょうぼうげんぞう》』九十五編中から要文を抄出したもの。(一)総序、(二)懺《さん》悔《げ》滅罪(身と心のきよめ)、(三)受戒入位(仏前への正しい進みいで)、(四)発願利生（ひろく人助けする)、(五)行持報恩(身もちをかためて仏祖と世間の恩にこたえる)から成り、在家の立場から曹洞宗の信仰を保つかなめがつくされる。「証上に万法あらしめ、出路に一如を行ず」といって、修行と証悟を最も重んじた道元の道は、とりわけ在俗の信者には、これを日々の行持にうつしかえることが容易でない。けれども、さとりの思い(証上)のなかに、日暮らし(万法)を繰り延べ、寝起き(出路)のままに仏心(一如)を見失わねばよいものと頂いてみれば会得できよう。

もと唐の宗密が、十八巻の『円覚経修証儀』を作った。専ら心念を静めて涅槃《ねはん》に入る、如幻の相を観じ、幻化《げんけ》の浄行に進む、思惟《しゅい》して中道実相を明かす、の三つが眼目。そういう禅観の修業を長くは百三十日、短くも八十日間くり返すことを『円覚修証儀』では教えた。それに比すると、曹洞教会の『修証儀』はきわめて実際的で、また道徳心を向上させる意味をもつ。宗教心を失っては、家庭にも国家にも正しい道徳の実現しないことを、仏教は根本的に説いてきた。曹洞宗という一宗一派に限ったことでなく、懺悔の反省から報恩の謝徳まで、広い人間の道なのである。

普勧坐禅儀　（ふかんざぜんぎ）

単に『坐禅儀』とも言う。道元禅師の著作。一巻。七百五十六字（漢文）にすぎない長さの中に、①坐禅の由来、②その具体的方法、③参禅の人生的意義を明かした。もともと坐禅は仏道の正門であるとし、これによって万人がさとりの世界に入るべきことを広く勧めている。安貞元年（一二二七）作というから、中国から帰朝した直後の禅師二十七歳の時、建仁寺の仮寓《ぐう》にあって作ったわけ。禅による新仏教が、初めて日本中に向けて宣揚され、本邦曹洞のもとが定まった。

坐禅儀に述べられたあらすじは次のとおり。

①道本円通《えんずう》宗乗自在といって、もとからそなわり、自由に動けるから、修証もなく工夫もなくてよいのが、人間の真実相で理想境である。が、皮肉なことに、それだからこそ、いっそう修証もかりねばならず、工夫を費やすこともいる。釈尊も二十九歳で出家し、三十五歳にして証悟された。達磨《だるま》大師も、面壁九年の長い期間、坐禅につとめられた。身心を脱落させるなかに、身心の脱落がおのずとある。自己本来の面目をあらわそうとするなら、いそぎ坐禅につとめられよ。

②参禅には、まず部屋を整え、飲み食いに気をつけ、ことに心のもちいあんばいを大切にする必要がある。世間の善悪や是非の分別に心をまどわすのが一番よくない。さらに、正座についてては、敷物から身の姿勢にいたるまで、細かい規定がある。結跏趺坐《けっかふざ》は左右の足を交叉《さ》させ、相互

にももに乗せるのであり、半跏趺坐は、左足で右ももを押すだけの違いである。その他、衣類のこと、手の置き場所、にぎり方などから、正身端坐のすべてにわたっている。「念おこさば覚し、覚せば失す」—無理に念をおさえることもいらぬ、そのおさえようとする思いを知るまま、念がうせるもとという。坐禅は大安楽の法門、音色のほかの威儀《いいぎ》である。見聞きできない自証自得の妙境絶心のところ。

③さればとて、これを特別なものに見てはならない。仏教という言葉がわるければ、これを変えてもよい。それよりも、せっかく生まれ得た人間世界、それも油断すれば空しく過ぎる。何人も急ぎ即今、いま直ちに坐禅によって仏の道に入り、思うがごとく禅味を受用して悔いのない人生を送るがよい、と。

総持寺開山紹瑾《じょうきん》（常済大師瑩山《けいざん》）には、『普勧坐禅儀』を祖述した『坐禅用心記』一巻がある。これまた坐禅者必携の書となっている。ちなみに紹瑾は越前多禰の人。十三歳にして永平寺第二世孤雲懐奘《えじょう》を拝して受度、第三世徹通義介《ぎかい》に師事し、ついにその嗣となり、阿波の城満寺、ことに能登の永光寺《ようこう》・光孝寺、また加賀の浄住寺等に開山一世として演法したが、ついに師の義介の席を襲《つ》ぎ、加賀大乗寺を董《とう》した。かくして道元により開かれた日本曹洞の坐禅とその道は東漸北進して特に加賀・能登もしくは越中に広まった。紹瑾さらに大乗寺に接衆十年ののち、迎えられて能登櫛比《くしひ》の荘、諸嶽山（定賢律師住）に入り、総持寺の名で開堂した。明治三十一年能登総持寺は焼けて鶴見に移り、旧刹は祖院となったものである。

お聖教（しょうぎょう）

仏祖の言教《ごんぎょう》（おしえ）、その教典遺文のこと。唯円坊は『歎異抄《たんにしょう》』の終わりでいう。

「露命わずかに枯れ草の身にかかるほどに、（わが身の）この先も知れないので、いまのうちと思い、つれだつ人々の不審もはらしおきたいと、聖人（親鸞）からご生前にうけたまわったことを中心に、いろいろと申してきた。しかし（この身）死去ののちは、また聞きとりぞこないもあって、重ねてまよう方も生じよう。そういう時は、きっと故聖人のおぼし召しにかない、そのお使いになったお聖教など、よくよくにごらんになるように願う」と。

しかもつづけて「おおよそ聖教には、真実なものと権仮《ごんけ》（かり）なものとが相まじっている。権をすて、実をとり、また仮をさしおき、真をもちいるこそが、聖人のご本意である。かならずかならず、聖教のみだりがわしい見方をしてはならない」とたしなめる。

唯円は、親鸞に年若いころから就かれた。お釈迦さまにとっては、阿難《あなん》さまが常随のお弟子。それで経典の初めに「仏告《ごう》阿難」（ホトケあなんに告げたまわく）とある。「如是我聞」（かくのごとくわれ聞きき）の「我」も、阿難のことである。十大弟子中、多聞第一といわれ、お聖教のすべての始まりはこのひとにある。

同様に親鸞に由来する信心の道を、正しく相続することに苦心したお方が唯円。ほかにも聖人の教えを同様に心得た方が、多々あったに相違ないが、やはり聖教の形で『歎異抄』を書き残されたところに、このひとの人一倍つよい自信と、これによって他人を導いていこうとする教人信の実際とがあった。

お聖教としては「仏説」の諸経が根本で、それに基づいて菩薩方の諸論があり、注釈や解《げ》がある。また、それらを疏《しょ》ともいう。しかし、それはタテすじで、横には言語のちがい、国により時代や社会による異なりがある。現代では外人が横文字で盛んに仏教を研究している。もともとインドの原典（梵本）聖教も横書きであったのである。

仏典は八万四千といわれるほどその法門（おしえ）の数が多い。しかし、多いということは、そのなかの一つを最も確かに選べよということ。親鸞のごときは阿弥陀仏の本願を中心に、お聖教中のお聖教として、大無量寿経一つを見つけ出され、その法門の本旨にかなおうとされたものであった。また日蓮には法華経が、時宗の一遍上人智真（捨聖《すてひじり》）には阿弥陀経がそれぞれに聖教中の聖教であった。さかのぼって聖徳太子には法華・勝鬘・継摩の三経が聖教と称すべきもので、三経の一々に細かい註釈書（義疏《ぎしょ》）を造られた。仏教各宗は宗祖が選ばれた経論を正依《しょうえ》として大切にしている。そしてお聖教にはそれを通じて信者が成仏する意味を具えているから、教典の形のまま仏《ほとけ》に等しい扱いを受けるべきものとして最大限の尊重と護持の念を、これに対していただくのである。越前吉崎別院には、出火の時、本光坊がお聖教を火中から救おうとお腹《なか》を切って蔵し救うたものが血染めの聖教として残ってとおとい。

Ⅳ　ことば

仏　教（ぶっきょう）

梵語でブッダ・シャーサナ。仏陀の教え。しかしそれを「ことば」に限った範囲で理解するとブッダ・ヴァチャナ(仏語)となる。仏教としての仏語は大乗仏教のすべてを説いた無著《むじゃく》（四世紀）菩薩の『大乗荘厳経論《しょうごん》』に詳説するところである。しかもその書が縁起にはじまり、敬仏に終っていることに注意すべきであろう。

仏教は東洋では儒教・道教とならべ（中国）、また神道・儒教とならべ（日本）て「三教」とするものの一。インドでは仏教外の宗教や哲学を「外道《げどう》」と称し、仏教をそれに対しとくに文献的に、「内典《ないでん》」と言った。現代では仏教は、キリスト教・イスラム教と共に世界の三大宗教とされている。同時に、キリスト教にはバイブル(聖書)、イスラム教にはコーランがあって便利なのに、仏教はそれがないという声もある。

八万四千の法門といえば、いたずらに教えのかずのみ多いことのようであるが、教外《げ》別伝とて教、つまりことばばかりが仏教でないとする禅宗の立場もふくまれたのが仏教であることに注意すべきである。ことばは方便である。仏教は成仏《じょうぶつ》の道であるから、まずことばによってにせよ、仏《ほとけ》とは何ぞやと外に内に仏のありかをただし、やがて真実のすわりにわが身と心とをおくべきものであろう。ことばによりながら、しかもそのことばを尽くすべきである。

因　縁（いんねん）

文字どおりには因と縁であるが、どちらも結果を生じさせる原因のこと。因の方が直接的で縁は間接的なものとする。因縁あわせてものごとが実現する。いっさいの存在はすべて因縁によって生じ、また因縁によって滅するというのが仏教の見方。これを縁起ともいう。よきにつけ悪しきにつけ縁起であるから、よくこの理を見定め得たならばかえって因縁の中にありながらしかも因縁にしばられないことができる。それを仏教では「空《くう》」とか「無」の一字で示す。

しかしそれはとらわれを離れるということに過ぎず、進んで事態の中にとびこみ、まだまよいの因縁の緒の切れないひとを助け、物をも人をもそれぞれ本来の姿、本来のあり場所におちつけるのが宗教的救済である。

因縁は一日にして結ばれたものでないから解《と》けがたいが、それだけ一面においてよい因縁を打ち出すように平生から心がけるのがモラルというものであろう。「因縁をつける」といって言いがかりを作ることなどもあるが、他人に害をおよぼして自分がそこなわれないはずがない。そういう他人を棄損する者にも如来はあわれみをかけられる。仏道は因縁のことわり以外にない。

ひとを助けることを利他、自分が得をすることを自利というが、自利・利他は因縁の理からすれば二つで一つである。同様、自分の損が他人にも迷惑になるから「自損損他」という。

因果応報（いんがおうほう）

因果、因と果が相応じて必ず酬報《むくい》をするということ。すなわち、善因に善果あり、悪因に悪果があって、因果のむくい合うことは響きが声に応じて発するようなものであるのをいう。因果報応、因果業報《ごっぽう》、善悪《ぜんまく》業報ともいう。

『輪転五道《りんでんごどう》罪福報応経』というお経がある。五道は六道（地獄、餓鬼、畜生、修羅、人間、天上）のうち、修羅を除いた世界、生命態の輪廻のかぎりをさす。

その経典には「罪福にかかる善悪の業の応報することは、あたかも手のなかにした瑠璃珠《るりだま》を見るようで、内も外もはっきりしていて、いささかも疑念をはさむ余地がない」とある。

また、大無量寿経には「天地の間、五道は分明である。恢廓《かいかく》（広いこと）、窈冥《ようみょう》（暗いこと）、浩々《こうこう》（水の盛んなこと）、茫々《ぼうぼう》（遠く広いこと）といって、善悪の報が応じ、禍福が相い承《う》ける」と出ている。

善悪のしわざにつけ、禍福のあらわれにつけ、寸分のかくしだてがきかないということである。およそ形あればその影あらわれ、声あればその響きが反応する。形あって影なく、声あって響きの応じなかったためしはない。善につけ悪につけ、早晩その結果が表われるもの。

奈良時代に『日本国現報善悪霊異記』という本が作られた。当時、中国において観音信仰を中心に善悪の業をもたらす霊妙明白な結果を実証記録することがあったのに対し、聖徳太子以下に日本におけるその種の不思議なできごとをつづったもの。これが平安時代になると、各種の往生伝になり、やがて浄土教信仰を広めるもとになった。

善因が善果につながり、要因が悪果につながることほど明瞭なことがないのに、どうして人はこの単純な根本道理を信じようとしないのか。それにつけ仏教を聞き、仏法を知りわけて仏道を修することが第一であろう。

先年ローマ教皇の日本入りに、人々はそれぞれの思いをなした。教皇もまた、仏心で育ったこの国と国民に、思いがけずいろいろな体験をして戻られたものにちがいない。因果応報をことばとして尋ねるなかにも、身のいたらなさと、それにもかかわらず絶大な天地と仏祖のめぐみや愛護の下に寝起きする幸せを感じ、その恩の万分の一にむくいようとするばかりである。因果のことわりこそ仏教教理の基本である。

因果とはいうが、果が現れないと因に気付かない。苦は果で、苦集《しゅう》がそこに求め知らされた因である。四諦《たい》・八正（または聖）道というとき、苦諦・苦集諦の前二諦は人生のありさまで、その次の苦滅諦は人生目的といってよい。苦の無い世界、同時に楽の意味も、苦に対しただけの相対的なものではない。超生死の大安楽である筈である。そしてその滅（滅度）への道（方法）が苦滅道として第四諦なので、その実内容がさきの八正道であることはいうまでもない。

煩悩（ぼんのう）

原語では「クレーシャ」（梵語）の一語であったものを、中国にきて身につけての「煩《ぼん》」（わずらい）と心につけての「悩《のう》」（なやみ）の両方をおさめた煩悩の二字一語にしたのは、まことにたくみであったといわねばなるまい。クレーシャは、苦しみ、痛み、煩らいの意味。もと身と心は一体にはたらく。しかしまず、身をととのえることがいる。煩悩といっても対境についてのまよいが最初で、外界の正しい理解がえられない事《じ》と理の上の顚倒《てんとう》（錯乱した見方）が迷妄である。それを「惑《わく》」の一字で示す。ものごとのあり方を全体的に説明する十二因縁説では、最初の無明《むみょう》（無知）を発業《ほつごう》（業をおこす）の惑、その八、九位の愛と取を潤生《にんじょう》の惑という。潤生とは、煩悩とそれによる悪業がわれわれを迷界の方に押し進め、あたかも雨露が植物をうるおして生長させるはたらきにたとえたもの。

大乗仏教になると、煩悩即菩提《そくぼだい》という。煩悩中でも代表的な貪《とん》（ほしがる）、瞋《しん》（ねたむ）、痴《ち》（道理がわからぬ）。これら三毒も、法性《ほっしょう》（ものの真理）の道理に達してみると、正体ないものであるから、煩悩そのままの中にさとりにつながらせる意味があるということ。煩悩は形はわずらわしいかに見えるが、これを包み超える智慧が授かっているなら、そのまま反って大きな役立ちをしていく。

業（ごう）

カルマンの訳語。クリというその原語（動詞）は、作《な》す、造る（to do, to make）という意味。造作《ぞうさ》が業のじっさいで、それにからだ（身）、ことば（口、く）、おもい（意、こころ）の三方面がある。現在におけるそれらの業が未来に向けて何らかの結果をうむところから、その影響力を原因たるものとして考え、これを業因《ごういん》とよぶ。結果たる業果のよしあしにつけ、善因、悪因ということになる。業は人間のまよいとさとりとの両面にかかわるもので、輪廻《りんね》（サンサーラ）の理も、あるいは極楽往生の道理も人間の業しだいなのである。

衆生《しゅじょう》（一切のいきもの）が三界（形あると、形なきと、意欲するとの三態）、六道（地獄、餓鬼、畜生、修羅、人間、天上）にまよいの生死をかさね、車輪のめぐるごとく、とどまる所ないさまを輪廻という。（サンサーラはもと流れの意味）まさにさまよいである。その生死界を離脱するには、仏《ほとけ》の力によらねばならぬ。仏《ほとけ》は大願業力とて、やはりわれらと業の道を同じくして、しかも極楽世界にみちびいて下さるのである。それを願力不思議という。凡夫の思慮分別を超えたところにすくいの真理がある。極楽は念仏―仏力を信念する―の果報で明かせる世界。梵語でスカーヴァティーという。安養、安楽等とも訳する。阿弥陀《あみだ》仏が成道して西方十万億の仏土を過ぎた所に構えられた世界で、お浄土という。理想界である。

自業自得（じごうじとく）

自分のなしたことが、また自分にはね返ってくるということ。「自作自受《じさじじゅ》」とも言う。自分でなして自分で受けとるということ。自業、自作は因で、自得、自受はその果である。因果のことわりは、くらませられない。

自業の「業」はサンスクリットで「カルマ」と言い、人間のしわざ。これに身体、言語、意思の三方面がある。からだで為し、口で言い、心に思ったことの三つは、そのままわれわれ自身に大きな影響となって、その影と跡を残す。インドでは、このカルマのほかに、ダルマ、アルタ、カーマの三つも大事なことにして「人生の四法」に数える。ダルマは真理、アルタは義務、カーマは愛欲（人間性）である。この三法がそれぞれ理想、社会、生活の意味と特色を持つのに対し、カルマ（業）は自己と個人の形成過程を説明するものである。

『正法念処経《しょうぼうねんじょきょう》』というお経に「他人が悪因をまき、その他人が苦果を受けるのでない。自業として、このわれが種をまき、自分でその結果を刈りとるのである。だれにも、このことわりは等しくおよぶ」と説かれる。また『無量寿経』には「人間はひとり生まれ、ひとり死んでいく」と出る。けれども、これらは人間の在り方そのものを明らかにしただけで、そうと知る中から成仏の道がそこに開ける。

ヘレンケラー女史は、目も耳も口も不自由だった。それをサリバンさんが助けて、とうとう博士号を持つほどの人にまで教育した。水道の蛇口から一気に出る水を手のひらに受けとめさせながら、直ちにWの字を書いて触覚で覚えさせ、順次A、T、E、Rも教えて「ウォーター」の語を覚えさせた。サリバンさんは仏教で言う大菩薩《ぼさつ》である。自分の身を捨て、人の苦を救うのが菩薩道で、これを代受苦（人に代わって苦を受ける）と言う。大悲（仏心）から、初めてできることである。

自業自得はもとより他人をさげすむ言葉であってはならない。そのことわりの持つ確かさを会得し、己は全力を尽くし、真に明るく正しい社会へと生き抜くことでなければなるまい。大願業力といって、仏も業道に従いつつ衆生成仏のため、善巧《ぜんぎょう》方便に力を出しつづけていられる。

因縁のことわりからすれば、この身も頂いたわが身、立てた手柄も本当は立てさせてもらった手柄である。それについて回向《えこう》ということがある。『大乗義章』(隋、浄影《じょうよう》寺慧遠《おん》)九に、「自業はひとの果を受けず、他業はこちらの報を受けさせぬ理が仏法ではあれど、彼と此と互いに相い助縁することが無いわけでない。相い助けて己れの善を彼に回施《え》することはある。」と言って、回向の道で未来世に衆生を助けて善を修めさせよと示している。

無　常（むじょう）

原語でアニトヤ。ニトヤは固有な、常の、不変のという意味。世間一切の法（もの）が生滅変化してしばらくもとどまらないこと。刹那《せつな》（クシャナ）とて一瞬のその間もとどまらないのを刹那無常（これは有部の説）、また一期《ご》とていのちが相続する、その相続したいのちもついに死の形で終るのを相続無常（経部の説）という区別がある。一般には諸行無常ということばで知られる。いろは歌の初句「色は匂へど散りぬるを」がそれに当り、続く「わが世たれぞ常ならむ」が諸法無我で無我を歌ったとも見られるが、無常の理が我にそなわって無我の実際なのである。

無常の相をアニトヤターと称し、これを「滅相」と訳した。あるいは滅尽《めつじん》ともいう。俗に「滅相もない」は、とんでもない、有り得べきことでないの意味で使われる。しかし、生住異滅(四相)の全体の最後にかえって寂滅《じゃくめつ》という真如の常住態にもどる意味合いがあって、それがいろは歌では、「有為《うい》の奥山けふ越えて、浅き夢見じ酔ひもせず」（生滅滅已、寂滅為楽）と重ね歌われているわけ。

人生の苦（ドゥフカ）は、身心のせまり悩まされて不安な状態であるが、これも無常の理を生活上に経験したにほかならない。それらを一元的に説明するのが空（シューニヤ）で、すなわち空の理による物の見方が空観。無常は説いても厭世《えんせい》を教えてはならないゆえんである。

世　間（せけん）

世の中ということ。「世」は中国語で三十年を意味する。一世代、子が一人前になり、結婚し、おのれの子を産み、次の世代にゆずっていく。自分の親についてもそうであったから三代で九十年、ほぼ一世紀である。わが代にこと成れば父祖のおかげと思えばよし、成らねば子孫が成すものと考える。

さてインドでは loka（ローカ）と言ったものを中国で「世間」と訳した。「ローカ」は開放された空間のこと。別に vasu（ヴァス）という類語があるが、これは「世」とも「天」とも訳し、天空のこと。天親（世親）菩薩の「天」である。

「世」には隔別《かくべつ》と遷流《せんる》の二義がある。隔別は広く世間といわれるものにも人間（衆生）とか国土（世界）とかの類別があること。また遷流は世間が開放的であるだけ常住でない、つまり無常であることである。

仏教としては「出世間」を目的とする。無常な世間を超え出でて常住な真実界に生まれかわる。いな、それをしも真実な世界と固定的に考えたとき、はやわれわれは不自由になるので、「世界」(Lokadhātu) も世間の置かれかたで、無世界が理想である。それを涅槃《ねはん》というので涅槃はニヒルでない。「生死即《そく》涅槃」ということばがあるように、生死のこの世間にふたたびもどる意味があってこそ、本当の仏教真理である。

出世間を内容的にみたすものを第一義（パラマールタ・勝義）という。それに対して世間は「俗」といわれる。世俗と第一義とは二つであって一つである。二つをどこまでも二つと言いはるのを「分別」という。分別は世間の知識である。さきの隔別の類で、世間生活にはそれが不可欠でさえある。けれどもそのためにこそ、世間の生活はきしむのである。

分別という世間の中にありながら、無分別の仏智に生かされると不思議に世間の苦からぬけだしていける。苦の事実はなくならないが苦を苦とすることだけは消え失せ、かえって苦の現実にたち向かう勇気がそこに生まれている。

戦後三十年余りのデモクラシーで、世間に属する我《が》の義は育ちすぎるほど育った。これからは「世の中」の実際である無我の意味にもどって、せっかく育った我のはたらきを本当に世のため、ひとのために尽くすことにささげさせたいものである。

聖徳太子の没後、王妃橘の大女郎《おおいらつめ》なる方が太子と太子の母后（用明天皇の皇后）のため「天寿国（極楽のこと）曼荼羅《まんだら》」というものをお製《つく》りになった。ぬいとりで「繍《しゅう》帳」という。国宝であるが形は崩れている。しかしその周辺にあった銘文は他の記録で分る。その中に太子生前、常の言葉に「世間虚仮《こけ》・唯仏是真」と仰せられたとある。そのうち「仏」の一字は仏国すなわち浄土の意味に見るべきであろう。浄土が真実なものとしてあってこそこの世も亦安泰なのである。

浮世（うきよ）

仏教で人生は苦なり、無常なりと教える。とかく厭《いと》わしい世の中、住みにくい世の中ということで「憂《う》き世」と称した。万葉の歌に、すでに無常を説いたものが出ている。憂き世のならいということが無常感をこめた一つの道理として理解された。厭離穢土《おんりえど》（この世）という語の対句に、欣求《ごんぐ》浄土（あの世）ということが言われた。

一方、中国にもともと「浮世《ふせい》」という語があった。やはり定めない浮いた世の中という意味で、厭わしい人生を表わし、「浮生」とも称した。それが語呂《ろ》を合わせるかのように、ふせい＝うきよと、一つに読みとるようになったのは近世の初めからである。五山文学の影響などからと見られないこともない。中世末までの浄土一辺倒への反動として、現世肯定と庶民の生活解放が生まれたからである。

浮世の事実に変わりはないがその浮世へのかかわり方において、人間生活の自由と楽しみを否定することはない。こう皮肉ではあるが、仏教が社会的に開放され、仮名草子《かなぞうし》の形でいろいろな知識が広まった結果、民衆はかえって積極的に生きる意義を求めるようになったのである。

十七世紀の井原西鶴《さいかく》が書いた「好色一代男」（一六八二）が、浮世草子の初めと言われる。先の仮名草子とかお伽《とぎ》草子（草紙とも書く）に代わったものである。そして十八、九世紀には、式亭《しきてい》三馬《さんば》が「浮世床《とこ》」や「浮世風呂《ぶろ》」というものを書く。

仏教は釈尊の初めから、教えの大衆化がその宗教としての特色であった。ただ釈尊の成道《じょうどう》という一事が正しかったから、大衆化の路線もこの根底を見失わない限り、くるわないのである。

二世紀ごろ馬鳴《めみょう》菩薩によって書かれた最初の仏伝『仏所行讃《ぎょうさん》』には出家前後までの釈尊を悲しみ惜しんで、太子太子と百回以上も連呼している。その太子への語呂の連想で、日本でも聖徳太子や弘法大師への、なつきようが深い。

憂き世を浮世と読みかえたなかに、心にくいほど日本人の宗教感（観ではない）が表明されている。パリのショーウインドーにも、写楽の浮世絵が並んでいるが、欧米人が本当に日本文化の奥底にひそむ仏教真理を学びとるのは、いつの日のことであろうか。

『仏所行讃』五巻はインドの仏教詩人の馬鳴《めみょう》（アシュヴァゴーシャ）原作が梵本名『ブッダチャリタ』（北凉曇無讖の訳した漢訳に比し、その前半十七章分しか残らぬ）でいま伝わるものの全訳で、仏陀誕生から還国（以上梵本の範囲）までと、最後の分舎利までに及んで凡て二十八章である。釈尊に「浮世」ということのあろう筈はないが、馬鳴は『起信論』の著者にも擬せられる程の哲学者、思想家で、また歴史家である。大乗仏教が特にそうした文学運動の下地においてインド、カニシカ王朝の中に勃興したものであったことを忘れてはならない。

人　間（にんげん）

人界《にんがい》に住むもの。間は俗にいう「なかま」。すなわち人類のこと。法華経の法師品《ほっしほん》（品とは章のこと）に「生於此人間」（この人間に生まる）とある。人類は十界の第五の人界に住するので上に第六の天上界が、また下に阿修羅《あしゅら》を介して、畜生・餓鬼・地獄の三界のあることは周知のとおり。謡曲の羽衣に、「うそは人界のもの、天にいつわりなきものを」と言ってある。人界は人間世界の路とみてもよく、世界はまた世間と同じい。時間で世、空間で界というので、世界の字に社会も歴史もふくまれているのである。

仏教は中国では南方（呉《ご》）から広まったから呉音で発音する。人間も北方の漢音ならば「ジンカン」である。韓非子や史記に見えるのはそう発音する。意味に大差ないが、近世にも民国十五年に王国維が「人間詞話《じんかんしわ》」という本を書いている。そういう時に仏教の意味はない。

十界の上四は、声聞《しょうもん》・縁覚《えんがく》・菩薩《ぼさつ》・仏であるが、仏教の立場からはわれわれは人間に留まっていてはならない。はやく仏法を聞き、輪廻《りんね》の境界である六道（十界中の下六界）をぬけ出さなければならぬ。然しもとより衆生《しゅじょう》（生きもの）を救うため人界に出で、六道に身を現わすことは自《おの》ずから別な大切な意味をもつので、それこそ上四の聖者《しょうじゃ》の身にならせて頂くことの目あてそのもの、これを仏道という。

凡　夫（ぼんぶ）

ふつうの人間ということ。インドの原語では「プリタグ・ジャナ」と言い「異生《いしょう》」とも訳するのはいろいろな形をとって異なって生まれるということで、いわゆる六道を輪廻《りんね》するものをさす。六道は地獄・餓鬼・畜生・修羅・人間・天上の六世界で、この娑婆《しゃば》での劣った行業しだいでそのむくいに経《へ》てめぐっていく嗣ぎの世のこと。もし干支《えと》が丑《うし》年であれば畜生に生まれた牛の姿にわが嫉妬心を反省し、さらには動物を憐れむことがいろう。

こうした話は直接科学に合わなくても人間を仏の世界に進めていく意味をもつ。凡夫の上に仏の世界、つまり仏界があるのである。聖徳太子は「賢だ愚だと人間同士あいあらそっているが、仏の前に出れば、共にこれ凡夫《ただびと》であるばかり、おろかなことだ」とおおせられた。親鸞が「愚《ぐ》禿《とく》」と称せられたのも真に凡夫の自覚に徹していられたからであると思う。現代人には仏を知り、これをおがむ機会が少なくなっただけ、現に凡夫の境位にある自分についての悲しみもまた浅いのではなかろうか。

仏凡一体《ぶつぼんいったい》という教理がある。仏の心と凡夫の心とが一体になった所をいう。他力の信心を獲得《ぎゃく》した行者《ぎょうじゃ》の心境である。信心が如来から賜ったもので、其体は仏智のゆえに、清浄真実の仏心である。しかもこの仏心が行者の貪瞋《とんじん》煩悩の凡夫心中に宿るから、仏心凡心一体というのである。

大衆（だいしゅ）

いまは「大衆」と書いてタイシュウと読むが、仏教用語としてものは「だいしゅ」である。マハーサンギカの訳語で、仏教教団の初めころテーラヴァーダ(上座)と対立していた一般大衆のこと。上座がいわば専門家の集まりで、長老たちであったに対し、普通一般の弟子や仏教信者の意味。専門の方は保守党で、のち進歩派の大衆の部派からは反って「小乗」と批判されるにいたる。いわゆる大乗は、大衆の系統から現われたと考えてよいが、対抗意識が本来のものでない。むしろ、仏陀釈尊の根本にかえろうとした精神主義者たちなのである。本当の進歩には、いつでも、このように〝発出〟の根本にかえって考えてみるという深い反省がある。そういう反省に即した自覚こそ、人生における歩みを真実にするものなのであろう。

仏教の歴史の歩みでは、釈尊が亡くなられて百年目、二百年目に最初期の「大衆」の出現があった。その大衆が、脱皮に脱皮をかさねて、ついに日本の鎌倉仏教でのような、真に一個一個の個人の信念に徹した大信心の道に到達したものと言える。

現代は、これまで、大乗といわれてきたものにも、その保守性を克服し、ほんとうに進歩的なものとして、実に一般大衆の支持を得た広く確かなものに改革されるを要する。そのときも、釈尊の根本の道を学びなおすことが大切なことは言うまでもない。

邪見憍慢（じゃけんきょうまん）

邪見は物のみかたが邪悪なこと。憍《きょう》慢は慢心で思いたかぶること。親鸞の正信偈《しょうしんげ》に「邪見憍慢悪衆生」とある。悪衆生《あくしゅじょう》とは、ほかならぬこの自分である。みほとけのあわれみを受けその救いの対象として、お照らしの光の中に見つけだされたこのわれ。このわれが邪見であり、憍慢であるのである。

四高生の時、四十日間、暁烏《あけがらす》先生によばれて、当時ご研究中の万葉集講本の筆写のため、明達寺（松任市）にあり。朝夕、先生のそばにあったが、礼品は師の新著『阿弥陀仏の本願』一冊にそえ、「邪見憍慢」としたためたお揮毫《ごう》であった。先生五十歳のころ、なお目がお見えになった。当時、師は正信偈における悪衆生の一句をくり返し玩《がん》味していられたのであろうか。いらい表具して、ときおりに床の間にかけるが、むしろおそろしい軸である。「邪見」はとくに婦人のまちがいではないか。「憍慢」はことに男性のおちいる悪徳ではないか。それらをただし、正善な日ぐらしにもどしてくださるものこそ阿弥陀仏の本願であり、南無阿弥陀仏の世界であったろう。

邪見は智慧《ちえ》あって慈悲（愛）なきにおこり、憍慢は自愛心にすぎて智慧（理性）あさきに発するものであろう。悲智円満、念仏の力のみぞ邪見を正見にもどし、憍慢のくるいを正業のただしさにかえすのではなかろうか。

五　濁　（ごじょく）

「パンチャ・カシャーヤッハ」が原語。「五滓《ごし》」（滓はにごり）とも訳した。阿弥陀経の結びに二度と法華経方便品に一度、いずれも「五濁悪世」として出るのが代表的。五濁のある悪い世、末世の意で出ているが、そういう悪世を背景に釈迦も諸仏も出現されたものとするのが仏典の本意。五つのけがれとは一、劫濁（時のけがれ）。二、煩悩濁《ぼんのうじょく》（貪欲《とんよく》・瞋恚《しんに》・愚痴《ぐち》の三毒を起こす）。三、衆生濁《しゅじょうじょく》（悪人のけがれ）。四、見濁（種々の悪見をおこす）。五、命濁《みょうじょく》（人の寿命がしだいに縮まる）である。法華経にはこの順で出るが、阿弥陀経には見濁が二番目にあがる。現代では、第五の命濁だけが仏教語とたがうが、他の四つはむかし以上にはげしいと言ってよい。劫は「カルパ」（劫波）と言いこれに成・住《じゅう》・壊《え》・空の四の順があるうち、とくに住劫について歴史のみだれを見るのが劫濁である。さらに煩悩は三毒（ほしい・ねたましい・おろか）にかぎらないが、それらが根本的で重いものだから挙げる。衆生濁（生活）も見濁（思想）も最もよく現代にあてはまる。

阿弥陀経の二というのは、①諸仏が釈迦《しゃか》をたたえ「五濁の娑婆《しゃば》世界に難信の法を衆生のために説かれる」とほめるのと②釈迦ご自身が「むつかしいにはちがいないが、この法を説きつくしたい」と誓願されるのとの二つである。

この世が五濁のにごりをしみつかせていることをあらためてふかく反省せねばなるまい。

大乗（だいじょう）

大きな乗物ということ。インドの原語（梵語）ではマハーヤーナ（摩訶衍《まかえん》）。発達した仏教の形をさす。その発達したという意識の中には、こどもが大人になったときのそれに似たものがある。したがって未熟なこどもの状況やその段階を小乗（ヒーナヤーナ）というのである。しかし「ヒーナ」は捨てられた、離れたという意味だけでよかったのに、そこに下劣弱小という批判の気持が加わって小乗は捨てられるべきもの、大乗こそ採られるべきものということになった。

大乗は菩薩《ぼさつ》乗ともいわれる。菩薩（ボーディサットヴァ、覚有情《かくうじょう》＝さとりを求めるもの）は仏教の中の大人で、声聞《しょうもん》（シュラーヴァカ）が仏《ほとけ》の教えの声を聞いて悟るだけとはちがうものとする。声聞では苦・集・滅・道の四諦《たい》（真理）で仏道を会得《えとく》し、阿羅漢《あらかん》（略して羅漢）になる。ほかに縁覚《えんがく》、プラティエーカブッダ（辟支仏《びゃくしぶつ》）も小乗に含める。無師独悟とて、師なくして十二因縁を観ずること等で独りさとる部類のものを縁覚というので、これを縁覚乗とよび、さきの声聞を声聞乗とするのに併せて小乗は二乗ともいわれる。したがって菩薩大乗は第三乗であるわけであるが、考えてみればこどもが大人になっただけの話で、根本は一つである。仏教はその本来が大乗なので、これを一乗とも一大乗（聖徳太子のことば）ともよぶ。小乗は自利（自分がたすかる）教、大乗は利他（ひとをたすける）教という見方は現代でのより正しい理解であるとしてよい。

善知識（ぜんじしき）

単に「知識《ちしき》」ともいう。物知りという以上に、高徳な賢者をさしていったが、とりわけ禅宗では参禅者が師家《しけ》を善知識とよぶ。また、真宗では信徒が法主《ほっす》をそのように称してうやまってきた。けれども原語（サンスクリット）の「カルヤーナ・ミトラ」からすれば「善《よ》き友」ということ。したがって「善親友《ぜんしんぬ》」「勝友《しょうう》」とも訳されてきた。

華厳経《けごんぎょう》に出てくる善財童子《ぜんざいどうじ》は、文殊菩薩《もんじゅぼさつ》を善知識として五十三カ所をめぐる。そして自身も菩薩になる。

五十三は人間が成仏するまでの段階である。東海道五十三次《つぎ》は江戸から都（京都）へのぼることであった。のぼりえてみれば、スタートの江戸（東京）にいたるまで、みな善知識の意味をおびぬものはない。

善知識は、おがむにあたいする人、いな、おがむ心そのものが、すでに仏であってみれば、人間だれでも善知識の資質はある。ただし、悪友はもとよりわが連れだちとすることはできない。けれども仏教は、そういう悪友の根本にも「善」をみとめて、これをどこまでもみちびいていこうとする。

今の世、新学年にはどの家の子にも新たに善き友だちをえさせたいものである。

慈　悲（じひ）

慈悲の一語で、いつくしみあわれむ、あるいはなさけをかけることを意味し、反対にそうした心の欠けたしわざを無慈悲というが、がんらいは四無量心とて慈無量、悲無量、そして喜無量、捨無量と、慈悲喜捨の四種一連の心が、しかもいずれも無量（はかりしれない）のはたらきをするものとされた仏教語から出ている。喜捨の語も一字に熟して、三宝供養のため、喜び進んで財物を施すことの意味になっているが、慈悲喜捨の本来の意味にかえって考えると、慈はサンスクリットの「マイトレーヤ」で真の友情、同朋に対する親愛の情、まさにさきの「いつくしむ心」である。つぎに悲は同じく「カルナー」で、呻《うめ》き声を出す、さきの「あわれむ」心である。それゆえ、慈は与楽（楽しみを与える）、悲は抜苦（苦を抜く）とも説明されてきた。

けれども『大智度論』などにより、実のところ、苦を抜くいがいに楽を与えるということはないのであるから、これとは反対に、苦を抜くが慈、楽を与えるが悲（『浄土論註』）という説明もなされてきた。『歎異抄』に、「もの（衆生）をあわれみ、かなしみ、はぐくむ」のが聖道（自力）の慈悲であるといわれている。「あわれむ」とは多少とも離れて心をそのものにかけることである。「かなしむ」は、より近づいてことばのひとつもかけることである。そして「はぐくむ」はそれを手にとり、それと一つになってこれをいつくしむことといえよう。順次、心―言葉―からだであると共に、見ると看る（つかず離れず）と観る（一つになって）のちがいがそこにあろうと思う。けれども聖道では思うがごとく助けとぐること極めて有難し(むつかしい)としたあと、同じくその続文に、「浄土の慈悲というは、念仏していそぎ仏に成りて、大慈大悲心をもて思うがごとく衆生を利益《りやく》する」をいうとある。仏《ほとけ》の慈悲心は大慈大悲というのである。『観無量寿経』には、「仏心とは大慈悲是れなり。無縁の慈を似て諸の衆生を摂す」とある。

次に『大智度論』には三種の慈悲を説く。衆生縁、法縁、無縁の三である。衆生縁は、慈悲心でもって十方五道（世間）の衆生を、父のごとく母のごとく、また兄弟姉妹、子や姪のごとく視て、これを縁じつつ常に苦を抜き楽を与えようとするのである。これ凡夫《ぼんぶ》とか仏道に入っても日が浅く、煩悩の未だ断じられぬひとの起こすもの。

つぎの法縁は、すでに煩悩を断じた段階のひとが、法空無我の理に達し、吾我《ごが》（われという考え）の相を破り、一異（もののちがい、差別）の相を滅して、いまだそれに及ばないひとに慈悲の心で接するもの。

第三の無縁というのは、唯だ諸仏にあるもので、その心、有為（世間）・無為（出世間）に住せず、つまり三世中に留まらず、諸縁が不実（いつわり）、顛倒《てんどう》（まちがい）、虚妄《こもう》（うそ）であるのを知るから、心にとらわれる所がなく、ただ衆生が諸法実相（ものの真相）を知らず、五道に往来し、その心諸法に執着し、取捨分別するので、仏心は衆生につけ無縁にして有縁である。衆生縁の根の切れた大慈大悲心であるのをいう。一方、衆生としては、いそぎ、取るものもとり合えず、浄土に往生して成仏し、すでに仏に成った立場の上から回向（他力）の慈悲で思うがごとく有縁のものを度してしばらくも休むということがないというのが無縁の慈である。

さきの第三の喜（ムドラー）は、ひとの離苦得楽（苦を離れ楽を得る）を見て随喜すること。また捨（ウペークシャー）は、それら慈悲喜の三心をも捨て、これをわが心にとどめず、怨《おん》（かたき）も親《しん》（みうち）も平等で平静穏和になることであった。四心いずれにつけても無量といわれたのは、それが無量の衆生を助け、無量の福を引くからであると説明される。

慈悲の一語は、さらにいえば智慧の対語である。とくに大乗仏教の特質を表わすのがこの智慧と慈悲の両語で、鈴木大拙博士も天皇陛下に御進講のとき、「大智と大悲」と題された。まことに悲智円満ということが、仏教徒の理想であり、平生からの心がけでもなければなるまい。

先出『歎異抄』第四節の句意を「見」と「看」と「観」の次第に見たてたのは、見物とか見学とか多少とも離れて見るのが第一。看守とか看護婦とか、囚人や病人に着きながら離れている、不即不離とでもいうか、見守ることは根本であるが、そこに囚人や病人の言いなりにならない所が一つある、それが看、あるいは監《み》、監ながら督励するもの。第三は全くそのものと一つになって見る所の観である。観音の観である。それだからサンスクリットの「アヴァローキテーシュヴァラ」の原語としての観音菩薩は男性で、いな、男女の性別を超えられたもので、衆生のもとめに応じて自由自在にその姿をお現わしになる。まさに「観自在菩薩」として深般若波羅蜜多を行じられるのである。（『般若心経』）

方便（ほうべん）

俗に「うそも方便」という。道徳上もうそがゆるされるはずはないが、時としてわが身ひとの身をまもる目的でつかううそは見のがされる。医者が病名をかくすことだって患者のためにはあるのであろう。けれども本来の仏教語としてはサンスクリットで「ウパーヤ」と言い、知恵とか真実とかの対語《ついご》である。ホトケさまの知恵、あるいは真実心が慈悲の形をとって発動する、そのことをウパーヤというので、それを中国で「方便」と訳したのは適切なことであった。法華経にも維摩《ゆいま》経にも方便と題する一章があって仏智が無限に自在に出現することを説いている。維摩経の場合さかんに社会教育活動をする維摩詰《きつ》という人物の登場でそれが示される。

方便はどこまでも仏心の真実の流露であるから方便のまま真実である。方便とはすべて形を尊ぶことである。形に素直にはいることである。信ずることともいえる。いまも信ずるに値する親がなくなり頼るに値する夫がなくなり、また敬するに値する教師がいなくなったわけではない。ただ親が夫がまた教師が、その真実心から方便として形の上で示すものを、子が妻が、そして学生生徒が正しくうけいれる方面でおとろえがあるのではなかろうか。そうした反省への道とその用意までもが仏心の側からしきりといろいろな形で提示されるのに、ひとは一向にこれに気づこうとしない。仏教そのものも現在では欧米人によっても大きな興味をもって迎えいれられている。

瑜伽（ヨーガ）

文字は「ヨガ」でもよいが、発音は必ず「ヨーガ」であること。「結合」を意味するこの言葉は、行者の魂と宇宙の霊とが合致することを指す。哲学の冥想《めいそう》とか出家の苦行によって究極に開ける世界を目的にしている。

インドの六派哲学中に「ヨーガ学派」というのがある。ヨーガの実修を行者が思い思いに進めてきたのを体系づけ、一つの宗教団体の形にしたもの。いま残っている『ヨーガ・スートラ』は、三昧《さんまい》・万法・神力・独存の四編で、その教理を説き明かしている。ヨーガ学派としては六派中の「サーンキヤ学派」の力を借りて、それを組織あるものにしたのである。サーンキヤの方は理論にたけ、ヨーガの方は実践において特色があったから、双方で助け合ってきた。

仏教といえども、インドの宗教や哲学中のものであるから、六派の思想と実修とに大きく影響されている。『瑜伽師地論《ゆがしじろん》』という百巻の書物がある。「瑜伽師」はヨーガの行者のこと。「地」は段階を意味する。つまり行の進展である。それを完成したのがムニ(牟尼)。仏教では瑜伽師地として、十七のものを具体的にあげる(十七は素因数で、インドでは完成した数の代表とする)。

さきの「論」では、瑜伽行者の境（修行の対象界）、行（実践道）、果（所得果）を説明し、唯識中道のことわりを悟るのが、その目的であった。唯識は『華厳経』が代表的に説くところで、一心ということを意味する。一心に基づいて万法、日常世界が開けているという理解である。現代人も外の世界がゆがんでいるとばかり考えて、そのように見えさせている、わが心のゆがみを知らない。ヨーガは要するに方法である。方法と目的とを取りちがえてはならない。同時に、目的の見定めかたがあいまいだから、方法の選びも不的確で弱いと反省しなくてはなるまい。

仏教ではヨーガの語を「相応」と訳してきたが、まず姿勢を正し、呼吸を整え、身と心とを相応させ、やがては仏とわれとを一体ならしめる。それはむしろ、仏が外から先手をうって、われわれに働きかけている自然《じねん》の力のままなのであった。禅も念仏もその根本には、ヨーガの道理がふかく根づいている。まず自己を粗末にしないことである。粗末にしないとは、自己に愛着することではさらさらにない。自己に愛着するほど自己を粗末にしていることがないそのことわりを、ヨーガの実修は、簡単な体験からもわれわれに知らせてくれる。すなわち、朝夕に仏前に坐せば足りることとでさえあった。

インドにおけるヨーガの起源については、インダス文明の遺跡にヨーガの修行を型どった像が発見されているから、アーリヤ民族侵入以前からのインド固有のものと考えられている。ヨーガに類した宗教的修行に「タパス」というのがあり、これを苦行《くぎょう》と訳するが、苦行はいたずらに身体を苦しめてからだから精神だけを離そうとする考えのもので、誤った個人主義もしくは利己主義として釈尊もこれを捨てられた。仏教中の禅定はヨーガの発展したもので、ヨーガ行派では万法唯識を認得する止観（唯識観）をヨーガといい、その修行をヨーガ行と称したのである。

三昧（さんまい）

梵語《ぼんご》のサマーディの音写。三摩地、三摩提とも書く。サマは、等しい、集めるとの意味。それにアディ（加える）の語がついた。「定《じょう》」「正定」「正受」「寂静《じゃくじょう》」などと訳する。すべて心を一事に集中して、そのことに専念する意味で、インドではきわめて広く使われた。一心不乱ということである。念仏三昧《まい》といえば、称名念仏の道に油断なく励みきること。三昧は、解脱、禅那などに通じる意味でも大小の経典に広く現われているが、厳密にはそれらに区別がある。

小乗の三三昧といえば、空、無相、無作《むさ》のこと。大乗ではいったん「一切皆空」といったのを、また「空亦復空《くうやくぶくう》」（その空というのもまたまた空なり）と称して、自己否定する。それで空空三昧という。大乗仏教では、『般若経』をはじめ『法華経』も『華厳経』も各種の浄土教経典も、みな三昧という宗教的実修と体験とから、諸部の経典が表われたものと考えてよい。したがってそこに、一経において真に深く体達すれば、万経の趣意もおのずから汲《く》み取れるというところがある。宗教はその真理性において一つであるというその一体性に迫る意味合いが三昧である。

解脱は三昧の到達点であり、禅はそれへの道行きであると言ってもよかろう。あの細かな『望月仏教大辞典』には、十四ジも費して三昧を解説している。その結びには、天台の摩訶止観《まかしかん》に、常坐、常行、半行半坐、非行非坐の四種三昧のあることを示している。法華三昧といって、『法華経』の真理にわが身を投じこむ行儀の四態が、そこに説かれているわけである。

三昧は哲学の道とも称しうる。西田幾多郎博士が「物となって考え、物となって行う」と述べたのは、すなわち三昧の義にほかなるまい。金沢から京都へ出る早々『自覚に於ける直観と反省』という書物を成したが、金沢時代からの激しい参禅の体験なしにはこの成果はあり得なかった。

また、九歳から二十九歳まで比叡山で法華三昧の実修を積んだ親鸞なればこそ、山を下りて法然に出会い、たちどころに「これぞ真実の浄土宗」と上人の法門を喜び、浄土真宗の宣言があり得た。その真宗は宗派名以前のもの、いなそれ以上のものと解したい。聖人もまた、偉大な三昧者として『無量寿経』（アミダ仏の本願）に会得されたのであったろう。

すでに三昧に「持特」「心一境性」あるいは既示のように「定」等の訳語があるが、三昧と静慮《じょうりょ》とは多少ともちがう。静慮の原語「ジャーナ」は音写されて「禅那」となり、さらに「禅」の一字に略され、その意味をとって「定」の一字を加え、「禅定」の語となり、それでいわゆる坐禅を現わすことばとして用いられている。三昧はさきのように中国の天台に至るまでインド本土の正義《しょうぎ》が見失われることなく相続され発達させられたものであったが、その中から、しかも天台そのほかの仏教の影響下に、特にいちじるしく中国の風土や民族性に合致した宗教的実践形態として現れたのが禅定を主とする所ののちの禅宗であったと称してよかろう。しかし、禅の宗風が一般になった後でも三昧の語は引続き一般的にも行なわれて、江戸時代滝沢馬琴の文学活動を「戯《げ》作《さく》三昧」と評した（芥川龍之介）例や、火葬場や墓地を「三昧場」と呼ぶならわしも残っている。

涅槃（ねはん）

ブッダ釈尊は八十歳でインドの東北方、クシナガラでお亡くなりであった。チュンダという鍛治屋の息子がささげたキノコがもとで、赤痢にかかって死なれたという。しかしまた釈尊はチュンダのささげたその心を賞して、少しもおとがめにならなかったと伝える。

さて二月十五日のブッダ入滅のこの日の仏事を「涅槃会《ねはんえ》」という。「ねはん」はインドの原語で「ニルヴァーナ」と言い、いままで在ったものが滅すること、あるいは寂してあることを意味する。もっと一般的には、たとえば道を歩いて太陽のカンカン照った所から街路樹の下へはいってホッとすることなどもニルヴァーナで、もともとヴァーナは熱気(火)のことであり、ニルはそれが無くなること、それで涅槃を「清涼」とも訳する。苦悩の人生はまさしくヴァーナである。火が燃えつくすように教化活動に働ききられた仏《ほとけ》の静かで安らいだお最期を涅槃と称したのはありがたい。

この日一日大空に輝き、そして万物を照らし、万物に光りとめぐみを与えつくした今日の太陽が、夕方静かに西の空いっぱいにあかね色を残して沈んでいく。釈尊の死もまたそのように偉大な感銘を人人に与えた。ニルヴァーナは今では欧米人の間にも広く愛好されている言葉である。たとえば、英国の詩人・批評家であるT・S・エリオット(一八八八—一九六五)は、寂静を意味するシャーンティの語を涅槃の義でうたい込んだ詩を作っている。

回向（えこう）

パリナーマナーという梵語《ぼん》を中国語に訳した「回転趣向《えてん》」の四字が、さらに簡略化されたもの。回転は自分の努力で作った物を、今度は趣向といって人にふり向けること。仏教のことであるから、悟り（それを菩提《ぼだい》という）が中心問題で、せっかくわがために積んだ功徳《くどく》（てがら）を、しかも他人にささげる。世の中は考えてみると、全体が実はそういう仕組みなのである。これを社会の恩という。

イエスさまは十字架にかかられた。お釈迦さまにはそれを傷つけようとする人すらいた。それは災難に遭われたひとの罪でも責任でもないのに、キリストも仏陀も、わたしが悪かったと悪い結果をひきとり、罪びとをゆるされた。それがすべて宗教の世界である。そして神《かみ》・仏《ほとけ》の愛や慈悲に動かされるのが信仰の力である。

阿弥陀仏は、もし衆生（人間）がわがたのみに応じてくれないなら、その限りこのわたしも仏《ほとけ》にならないと誓われた。誓いは祈りである。そのたのみとは「わが名をとなえよ」ということであった。親鸞は、そういう仏《ほとけ》のたのみに応ずるわが心の動きまでをも、仏力の回向とされた。これを本願他力の信心というのである。仏道はその最初から最後まで仏《ほとけ》の成道―仏《ほとけ》自身が仏《ほとけ》になられること―の一事に尽くされていると言ってよい。

人間として釈尊は、その最後に「わがなすべきことはすべてなし終わった」と申されながら「使い古した車のように、ガタガタにこわれたこのからだよ」と、全生涯の教化を懐かしむなかからも、自らをいとおしまれた。そばにいたのは阿難尊者おひとり。偉大なものは常にその最後が光る。その光る最後につけ、人々はそのものの最初から、真に善美であったことにようやく気づくのである。

成道とは如実なわが人格への開覚のことで、これに対面できたのを往相と言い、そのわざを保証するのが往相回向として、まことの教行信証であると親鸞は示された。その裏には、すでに先立って成仏したかたがたの還相《げんそう》回向の徳があるのである。

太子和讃に「護持養育たえずして、如来二種の回向に、すすめいれしめおわします」とある。日本人の精神の原点は、仏教受容における並みたいていでない聖徳太子の回向心であったと知られる。回向には秋の日差しに似た明るさと安らぎがある。

菩薩の修行段階中には、五十二位の初階、十信の第七位および第四階の十廻向がみな回向の名でよばれる。思想や観念としてインド仏教でも古くから重んじられていたものであることが分る。それをさらにさかのぼれば、施《ほどこ》しの精神が仏教の根本であるといえるのであろう。中国に至り曇鸞の『浄土論註』では、自己の功徳を一切衆生に廻施し、共に浄土に往生するのが往相、一旦浄土に生れてのち、再びこの世に還り、衆生を教化して浄土に向わしめるのが還相と示し、したがって回向をすべて他力の意味で解する道が開けた。

不退転（ふたいてん）

新聞用語として、ときおり見かけるようになったこの語は、単に「不退」というにおなじい。原語はアヴィニヴァルタニーヤで、『阿弥陀経』に「阿毘跋致《あびばっち》」と出ている。仏道修行で、すでに得た功徳《くどく》（効果）は、けっして、うせないものであることをいう。その区別には大小いろいろある。説く立場によってことなるのである。

初心のものを、はげます意味もあるのか、第一歩については大体、不退であるが、それからさきに「有退《うたい》」があるのは興味ぶかい。つまり、油断すると退転する、ということである。

真宗では、他力回向《たりきえこう》といって、阿弥陀仏の本願力によるすくいの信心《しんじん》が得られたとき、ただちに正定聚《しょうじょうじゅ》と言うくるいのない、正しい仲間入りがかない、仏の浄土に往生して仏《ほとけ》に成るにまちがいない位に定まるとする。住正定聚の身となって、さらに退転しないのである。

仏の願力が不退なることもとよりである。不退は仏菩薩《ぼさつ》のがわからすれば「行」であり、衆生凡夫のがわからすれば「信」である。その「信」までが仏願の回向であるから「他力」というのである。

自力をよびおこしてこそ他力である。子が動いてこそ親心である。国民が真に動いてくれてこそすぐれた政治なのである。不退転の仏教用語の正しい味わいのうえに世の中が動いてほしい。子に対して過保護であるごときは、かえって有退の児にしているという反省がいるであろう。

寂光（じゃっこう）

京都大原に寂光院というのがあり、その閑静さで有名。寂《じゃく》の一字はニルヴァーナ（涅槃《ねはん》）の訳語にあたる滅と同義。「ねはん」はすべて悩みのとれたこと。ふだんのしごとでもそれが一段落してたばこを一本とりだすのも「ねはん」のうち。「ヴァーナ」は火の燃える、太陽の照りつける、人間の汗して働く、みなそれである。「ニル」（ニフ）はそれらがなくなった、消えうせた、涼しくなった、働きがとまった（死ぬ）ことを示す否定辞。故にニルヴァーナの語全体でものごとの名残りをおぼえさせる。しかし寂は決して単に虚脱（ニヒル）なのではない。それはシャーンティともいい、真理のまま、自然のままのひろがりと静けさとをさす。

北国の冬は寒波と降雪でひとびとは不自由をする。しかし、北国人は野に山に一面にふりしく白皚々《がいがい》の浄雪を経験して成長するから、どこかその心の片すみに真に清らかなものを願う思いをひそめている。ふりやんだあと、陽光に照破された雪景色は、まことに銀世界で、仏典に出る寂光土である。

二月十五日は釈尊の入滅された日でこれを涅槃会《え》というが、実はインドの正月元日にあたる。働きづめの八十年の尊い生涯を終えられ、この日仏《ほとけ》は生命の原点たる法身《ほっしん》のみやこに戻られたのである。僧侶《りょ》の死を入寂《にゅうじゃく》というが、どんなひとの死に対しても限りない寂光を拝したい。

随喜（ずいき）

ひとの善事を見て、これに随同して、したがい応じて歓喜する、よろこぶ心である。もと、仏教では、四無量心、四つの無量、つまり、果てしなくはたらく心をかぞえる。第一は慈無量、第二は悲無量、第三は喜無量、そして第四は捨無量。この慈悲喜捨の四種の心は、それぞれに限りなくはたらくものであると同時に、四つで一つである意味がそこにある。

「慈」とはいつくしみ、「悲」はかなしむ。また喜捨ということばがあるが、ささげることである。けれども仏《ほとけ》の側からすれば、衆生（人間）のすることを受けとめさせられるだけのことである。すべて仏教用語はかように仏と衆生のあいだのこととして解釈すべきである。したがって喜ぶの随喜も、俗に「随喜の涙をこぼす」などというが、本来は、衆生が仏願を信受して真実歓喜するのを、仏《ほとけ》の側でおほめ下されることである。おほめに預かる以外に随喜ということはない。かように信心歓喜が随喜の当相で、自然につぎの捨に流入するわけがある。捨とは知恵のこと。

反省すれば慈悲は愛、喜捨は敬ともいえる。捨には捨のまま得の意味がある。心底から慈悲にひたれば、おのずと随喜に勇み立ち、知恵も不思議にわいて出てくる。慈悲が抜苦と与楽の道であったことは申すまでもない。仏教も書物ばかりでは限界があって疑いがとれない、真実慈悲の人について信をとることだ。

不可思議（ふかしぎ）

略して「不思議」ともいう。漢字でこそ用いるが、元来は梵語の「アチントヤ」の訳語で人間の思いや論議の達しえない仏の世界につけていう。

『正信偈』の初句中、「南無不可思議光」が代表的なもの。親鸞の和讃にも「自利利他円満して、帰命方便功荘厳、こころもことばもたへたれば、不可思議尊を帰命せよ」というのがある。「不思議な」（ワンダフル）は、俗な言い方であるが事物現象の霊妙さに驚きの思いをすること。ただし不可思議と奇跡とはちがう。思議し尽くすのが不可思議で、科学の態度とは合致する。ところが奇跡には偶然を願う利己心がある。これまた弱い人間としてやむをえないが、できれば人間の正しい道を守りぬき、最後は神仏の力にまかせきる不思議の世界の明るさに生きたいものである。不可思議とは人力を尽くして天命を待つに通じ、生きて悔いのない日々を送る喜びの中には真の不思議が実証されてある。

西洋哲学に不可知論（アグノスティシズム）というものがあるが、それは人間に経験できる認識の範囲を言ったもので、かえってその裏にはそういう範囲を超えた宗教的真実の世界のわれわれの疑いを容れないものとして厳存することを物語っている。仏教で「不可思議解脱《げだつ》」というのはそういう世界のあることをさす。

仏眼（ぶつげん）

仏教では五眼《ごげん》をかぞえる。順次、肉眼《にくげん》、天眼《てんげん》、慧眼《えげん》、法眼《ほうげん》そして仏眼の五である。われわれ凡夫《ぼんぷ》には肉眼しかない。肉眼では近くは見えても遠くは見えない、前は見えてもうしろは見えない、外は見えても内は見えない、上は見えても下は見えない、昼は見えても夜は見えない。不自由なものである。それで遠くも、うしろも、外も下も、夜も見える天眼を欲する。天眼は天人のものである。それを得たときこれを神通力《じんつうりき》という。

第三の慧眼は智慧の眼。これは仏弟子たる声聞《しょうもん》と縁覚《えんがく》のもの。つぎの法眼が菩薩《ぼさつ》のもので、これではじめて内外一如《いちにょ》、平等に物の真相、実相がわかり、人間世界のはかなさ（虚妄《こもう》）につけ、本当の慈悲心が生ずる。

仏眼は以上の四を、かけ目なく具《そな》えたうえ、それらのはたらきのいずれの根底にもあるものとされる。盲人には肉眼がなくてもかえって心眼が開け、通常人以上の大きなはたらきをする。それが仏眼の仏眼たるところでもある。眼をいちばん大切にするのが仏教である。

かくて眼《げん》は仏の中道の眼の意であるが、仏眼たる般若中道の妙智が神格化され、仏・菩薩を出生する総母として「仏眼仏母」と名づけられ、「仏眼尊」と称する。この尊を、「実相は大虚空の如し」と観ずる所から、「虚空眼」ともいう。

三　宝（さんぼう）

仏宝、法宝、僧宝のこと。おシャカさまがさとりを開かれたのは三十五歳のとき、ブダガヤの菩提樹《ぼだいじゅ》の下でであった。その前に六年間、五人の仲間と近くの苦行林で修行を共にしていられたが、五人は釈尊の成道《じょうどう》（おさとり）を待たずにガンジス河べりのベナレスの地にある鹿野苑《ろくやおん》に移っていた。それを追いかけるようにしてその地におもむかれた成道後の釈尊が、五人を前にして最初の説法をなされた。その内容は中道とて、物ごとは片よった見方、考え方をしてはならないということであったという。これらにより「仏」「法」「僧」の三者を要件とする仏教が初めて地上に実現したのである。僧は僧伽《そうぎゃ》（サンガ）で集団のこと、組合である。

いまの僧侶も実際上そうした組合社会の統率者たるものである。これらを共通して「宝」と称したのは、それらに社会生活の中心的事実として価値あることが知られたからにほかならない。聖徳太子が十七条憲法で「篤く三宝を敬え」と示されたのも民族生活の真実、宗教的形成を意図されたからなのであった。

三宝を三宝蔵《ぼうぞう》ということがある。仏・法・僧の三が一切の功徳を蔵するからである。また三宝には、大乗・小乗、同体・別体・住持等の区別がある。『心地観経《しんじかんぎょう》』には父母・国王・衆生と三宝の四者をあわせて四恩という。

四摂法（ししょうぼう）

布施《ふせ》、愛語《あいご》、利行《りぎょう》、同事《どうじ》の四。布施は、ほどこし、もち物をはなすこと。愛語は、やさしい言葉、物言いを親切にすること。利行は、ひと助けする。つまり他人のために尽くすこと。これらを順次、布施の心、愛語のことば、利行のからだと見てくると、人間のしわざ全体である。四番目の同事は、そういう人間同士の助け合い、ちからの出し合いで、仕事をいっしょにする、つまり社会的協力である。

以上の四つに、人間の道徳生活の根本がみなおさまるから、これを仏教で四摂法とも、また四摂事とも言ったのである。別に和顔《わげん》、つまり柔和《にゅうわ》な顔つきでひとに接するという仏教語もある。

このごろ思うのは、昔にくらべて「感心」するということがいまは減った。わが子にも感心し、子もまた深く親心に感じ入る。友達にも感心し、みな感心し合う中で育ったよい時代があったように思う。それを回復したい。布施も、愛語も、利行も、同事も、みな心が神ほとけの前に素直になれた時に、自然に出てくる人間の姿であろう。

四つを通じ、礼拝の縦糸と奉仕の横糸とが、一つに織りなされて、真に明るい社会が生まれてくるようである。他人のしわざを心から尊べてこそ、自分のささやかな営みも喜んでもらえよう。秋の実りは、人間と自然との間にも「摂法の理」のひそんでいることを大きく実証してくれる。

阿耨多羅三藐三菩提　（あのくたらさんみゃくさんぼだい）

「アヌッタラ・サムヤクサンボーディ」（梵語）の音写。「阿耨三菩提」、「阿耨菩提」とも略する。訳すると「無上正等覚《しょうとうがく》」といって、仏の無上の覚知のこと。

「アヌッタラ」が無上という意味で、ねはんの法をさす。仏みずから、ねはんを知り、他から聞くのでない。しかも衆生を導いて、そのねはんに至らせようとする。諸法の中でねはんが無上であるように、衆生の中では仏が無上であるからである。

「サムヤクサンボーディ」を正等覚（または正遍知）と訳するのは、その無上の道法が真正で、あまねく平等普遍に知るはたらきを持つからである。三藐三菩提の「三藐」が正、「三」が等(遍)、「菩提」が覚である。

①無上覚といえば仏界のことで、それで足りるが、②正覚としては邪覚（外覚）と区別し、③等覚としては偏覚（二乗）と区別した。外道は仏教外であり、二乗（声聞と独覚）は仏教内である。前者には不正邪悪があり、後者には生空（人間のはかなさ）を知るだけで、いまだ法空（諸法の皆空）を知らないかたよりがある。④菩薩にも正覚はあるが、因の覚だけで仏のごとき果位を満たしたそれには及ばない。よって無上覚が本当に言えるのは仏だけであるということ。

阿弥陀経にはその後半に三回、「阿耨多羅三藐三菩提」の語が出る。

第一は已今当《いこんとう》といって、過去、現在、未来にわたり阿弥陀《あみだ》仏の国（極楽世界）に生まれようとした限りの者は、すべてそこに往生したか（已生）、いまするか（今生）、これから生まれるか（当生）であるというもの。

第二は、このわたし（釈迦仏）が他の諸仏をほめるように他の諸仏が釈迦仏のわたしの労苦をねぎらい「難儀の多い娑婆《しゃば》世界にあり、五濁《ごじょく》のなかにも無上覚を得て衆生に向かい、難信の法を説かす」と申さるるとあるもの。そして第三は、その諸仏の保証にたがわず、釈迦仏が五濁の悪世にこの難事を行じつつ、ついに阿耨多羅三藐三菩提を得て、人々を浄土に向かわせているというのである。なお五濁とは、劫《ごう》(時代)、見《けん》(思想)、煩悩《ぼんのう》(生活)、衆生(人間)、命《みょう》(運命)の五種類の狂乱のことをいう。

親鸞は『教行信証』信巻の中に、「阿耨多羅三藐三菩提を説くに、信心を因と為す」という『涅槃経』の文を引用し、信心こそ正しい悟りに至る因であることを示している。すなわち、阿弥陀仏の本願に触れて真実の信心を恵まれたとき、その人は正定聚《しょうじょうじゅ》の位に住し、やがて必らず浄土に生まれて完全な悟りを得るのである。この浄土において証得せられる悟りが阿耨多羅三藐三菩提であるから、念仏の人は阿弥陀仏と同体の悟りを得るともいわれる。

仏滅（ぶつめつ）

ぶつめつ、仏の入滅、つまり釈迦《しゃか》の死を仏滅と申した。釈迦というのは、もともと古代インドの東北部にいた種族の名で、正確にはシャーキャ Śākya と発音する。その種族の中から出た偉大な人なので釈迦牟尼《むに》といい、その人が修行を積んでほとけのさとりを開いた方だから、これをブッダ（仏陀）と申した。単に仏《ぶつ》というのはブッダの略称。ブッダもほとけも語源的には一つ。つまりブッダ Buddha に「浮図訶」などと中国で当て字したのが、日本にきて「ほとけ」と発音されるようになった。死人のことをほとけとはいうが、ブッダとはいわない。そういうことから、本来はめでたいはずの釈尊の死を意味する仏滅の日がらまでが、いとい避けられている。

中国の陰陽道《おんようどう》で、一年に三百六十五日あるうちの約六分の一の六十日を仏滅日《にち》として、それを奇数と偶数の月や日に配当して組み合わせ、毎月五回仏滅の日があることにした。つまりその日には積極的な行動をしない、それをすると凶《きょう》になる、というそれだけのこと。二月十五日の涅槃《ねはん》会《え》の日はやはり仏滅に入っている。けれども釈尊の死にあやかれば、仏滅の日はかえってめでたいお日がらという意味にもなるから不思議である。仏には形としては滅しても滅しられないところがあるのを指して仏滅というのであるから、これを大切に考えたい。

四恩（しおん）

人間、ひとりで生きられるものでない。天地の恵みと人の情けとの中に生きている。生かされて生きている。それを恩という。恩そのものは無限であり、数えれば無数である。しばらく代表的なものを採って四つにした。一には父母の恩、二には師長の恩、三には国王の恩、四には施主の恩。これはしかし、仏教伝来以前からの中国での古い考え方であった。

仏教では四恩を、一に父母、二に衆生、三に国王、四に三宝と説く。前三が世間、後一が出世間である。『大乗本生心地観経』の説で、経自体はいずれも「世間の恩」とし、一切衆生が平等に担うものとする。『父母《ぶも》恩重経』というのがあって、父母の恩は甚だ重く、これに報ずるには諸種の仏事供養をなせと説く。中国でできた経と考えられる。親鸞は「父母の孝養のため、念仏一辺申さない」と言ったが、世間の孝養を否定したのではない。ただ浄土の慈悲のことわりから述べた。また『般泥洹経《はつないおんぎょう》』では、布施、慈教、化導、共歓の四つを施恩としている。不足を満たし、仁愛の心で人をわが子のように見る、よい政治で人助けする、幸せを皆で喜《よろこ》ぶ、の四つである。

恩とは人のものがわが身に及ぶめぐり合わせで、恩恵とも恩徳ともいう。恩はまず、これを深く知らねばならない。知り次第で、どうしてもこれを返報したい思いが生ずる。これを知恩、報徳と言う。師長の恩、三宝（仏法僧）の恩、いのちの限り報ずるに尽くしたい。

供養（くよう）

プージャナーの訳語。原語プージュ（動詞）は拝す、敬うという意味。敬礼、尊崇とか恭敬《くぎょう》という精神的なものが本来であり、また中心であったことを忘れてはならない。普通には仏・法・僧の三宝または死者の霊などに、からだ、ことば、こころの三方法で供物《くもつ》をささげ、回向《えこう》するのをさすが、細かい区別もある。堂舎のかざりなどするのは敬《きょう》供養、読経礼讃《どきょうらいさん》などするのは行供養、飯食《おんじき》衣服などささげるのは利供養という。そういう諸行事を一式にとりはこぶのがお仏事である。また三宝についても仏供養、法供養、僧供養の別があり、維摩《ゆいま》経などは法供養を強調している。学者による仏教真理の研究も広義における法供養で、社会的には伝法ということになる。

阿弥陀仏の四十八願中、第二十三は供養諸仏願といわれる。この願において浄土の菩薩が、仏の神力をうけ、自由に諸仏を供養し得られようことが誓われている。現代人の国際的な文化交流の根底にもふかい宗教心があるはず。

また近くは家族関係の中にも親子、兄弟、夫婦等の間がらに供げ合う意味のあることが反省される。真言の金剛界曼荼羅《まんだら》中には供養会《え》というのがあって、諸尊が宝冠、華鬘《けまん》等を中心の大日如来にささげることを示している。供養の事実は天地にも人間界にも充満していることが知られる。

原語がさきの如く拝する、敬うということから出た語であると知れば、供養は供養される側よりも、供養するこちら側が大切であると思われる。それにインド文化はがんらいが宗教的に開けたもので、社会生活の上で宗教行事のもつ意味が大きく、バラモン階級を中心とする各種の供養形態がはば広く行なわれ、動物を犠牲《ぎせい》（いけにえ）にすることもさかんであったのを、仏教になって慈悲の精神にもとづき、供養のじっさいにおいて多くの改革のあったものであることを忘れてはならない。

仏寺僧堂の炊事場の前に、香積仏《こうじゃくぶつ》が安置されている。インドでは香の匂いを重んずる。あるいは神さまの召しあがりものが香の類であるとも聞いた。塗香《ずこう》、焼香、抹香、さまざまな香のあつかいがある。また在家から食べ物、衣類、床坐の具類を僧家にささげてきた。禅院で雲水の食事を用意する庫裡《くり》中の台所前に、香積仏《こうじゃくぶつ》が安置されているが、衆香世界のこの仏《ほとけ》のもとへ、維摩居士《ゆいまこじ》が、化菩薩をつかわして香飯をもとめさせたことがある。それは如来のおたべのこしの一皿でありながら、この土の何千何万人分の食事用になったと経典にしるしてある。

供養には財供養と法供養があるとされ、あるいは香華、飯食の利供養、讃嘆恭敬《さんだんくぎょう》の敬供養、仏法の受持《じゅじ》修行の行供養の三種があるなど、さまざまな分類が見られる。財物の供養を軽んずるわけではもとよりないが、順序としては精神的意味の法供養や敬供養が第一とされねばならない。浄土教徒が口に称名して念仏するごときは、ある意味では供養中の最上供養の性質のものとも見られる。阿羅漢（アルハット）のことを「応供《おうぐ》」というのは供養を受けるに相当するひとという意味からであるが、供物は受ける側として大小によらず粗末にしてならないこともとよりである。

懺悔（さんげ）

「ザンゲ」と濁った発音はしない。クシャマ（懺摩《さんま》）というのが原語であるからである。クシャマは、ひとに忍容、つまりゆるしを請う意味である。自分のまちがいにつけ、それを反省して悔いることであるので、「懺」に「悔」の一字を加えて「さんげ」の一語にしたものである。

さんげの心根による行ないの悔い改めのじっさいを「悔過《けか》」という。三宝に向かい、自分の身、口《く》（ことば）、意三方面のまちがいを表白して、その救いを求めるのが悔過の修法である。その時、進み出るご本尊のちがいで、阿弥陀、弥勒、吉祥《きつしよう》等の作法上の区別がある。

もと比丘は半月ごとに集まって布薩《ふさつ》（ポーサダ）を行なった。浄住と断捨の意味である。戒経の読誦《どくじゆ》を聴き、各々罪過をさんげした。そこに悪を廃棄し善を留存することがあり、七仏通戒の偈に、「諸悪莫作《まくさ》（してはいけない）、衆善奉行《ぶきよう》（進んでせよ）、自浄其意《ごい》（思いをきよめる）、是諸仏教（諸仏の一貫したおしえ）」とあるゆえんである。

懺悔捨身とて、罪業を犯した不浄のこの身命は放捨し、一切の業障《ごつしよう》はつねに避け除かれねばならない。懺悔滅罪の功徳力により、清浄な生活を回復することができる。われらはいつもわが身の前から仏《ほとけ》を見失うてならない存在である。

浄土教においては、阿弥陀仏の名号を称える念仏に懺悔のこころがある。

恒河沙数（ごうがしゃしゅ）

「恒河沙数《ごうがしゃしゅ》」とは、ガンジス河の砂のかずということで、インドでは物のかずのきわめて多数なとき、それを「恒河沙数」といった。仏教以前からの用語法である。ガンジス河は、いまはネパール国の北境にそびえるヒマラヤ山脈―世界の最高峰エベレストはその中に八八四八メートルの高さでそびえる―に発し、北インドを西から東にゆうゆう二七〇〇キロの長さを流れる。太古から神秘的な流れを続けるガンジス河にまつわる神話もまた多い。いまに至るまでこの河はインド人にとって文化と宗教の源泉なのである。

阿弥陀経に六方段というのがあって、東に南に西に北に、さらに下方に上方に、つまりあらゆる方向に「恒河沙数」の諸仏がましします。そしてみなその国々において、声のかぎり阿弥陀仏のお徳をほめていられると説く。そのことは、娑婆《しゃば》といわれるこの世界において釈迦牟尼《しゃかむに》仏が同じく阿弥陀仏のお徳をたたえられることの真実さの保証なのである。娑婆は「サハー」とて忍苦の意味で、インド人の価値観は苦と楽にあるから、苦境を脱し安楽世界にいかせようとする。この世を苦とすることは現代に通用しないようであるが、安楽な仏国土つまり極楽世界を説き、それを真剣にもとめただけ古代インド人の現世生活に対する反省の深かったことが思い知られる。

インドの文化的黄金時代は四世紀、五世紀のグプタ王朝だったといえるが、その時に出世の天親（世親）菩薩は、人間のよごれを根底的にきわめて申された。「世尊よ、われは一心に、十方をつくしてさわりなき光に輝く阿弥陀仏に帰命しまつる。願わくは安楽国に生じようことを」と。文化は宗教心によってこそ光彩をそえるのである。願生のひとを産んだグプタ時代はインドのルネサンスであった。現在でもガンジス河はインド人にとって母なる神で、また父なる流れである。詩人タゴール原作のその国歌には、「ガンガー、ガンガー」と歌われてある。上下の流れのちょうど真ん中のベナレスでは生涯にいちどと願うてインド教徒がかわるがわる、そこの河水に身をひたして罪のきよまりを念じている風景がみられる。

中ほどということは、上流と下流とをかねることである。これを「和」という。仏教では思想的に中道というが、中心点はつねにすべての支点によってささえられていなくてはならぬ。みやこというものは全国民の心の集まりである。ガンジス河は、地理的には北インドであるが、インド人はそこを「中国」と称した。ガンジス河は大いなる流れの動きのままインドの都であったとしてよい。釈尊によって開かれた仏教も、またそうしたガンジス文化の一大成果であるといえよう。現にベナレスの北部、サールナートの鹿野苑《ろくやおん》（ムリガダーヴァ）において仏陀の最初説法がなされ、仏《ほとけ》のさとりが、はじめてこの世のことばにうつしかえられた。

阿弥陀仏の極楽世界が、ガンジス河の砂のかずというほとんど無限数の諸仏の保証で顕現していることの意味を、あらためて深く味わいたい。涅槃《ねはん》のみやこから発せられたすくいの手が、たえずわれわれの心にとどけられているのであろう。

一体三宝（いったいさんぼう）

三宝が仏宝・法宝・僧宝の三つであることはいうまでもない。梵語《ぼん》のトリラトナ（三宝）の名で、仏教のはじまりが説明される。

四月八日はお釈迦さま（仏宝）の誕生日。出家後、苦行林《くぎょうりん》で五人の修行仲間を得られたが、仲間は苦行をすてて一人になられた仏陀を最初誤解し、離れてベナレスに行った。ブッダガヤで悟り、仏に成られた釈尊は五人を追いかけられ、ベナレスの鹿野苑《ろくやおん》で一緒になられる。

五人の疑いはなお続くが、仏陀の威光に圧せられ、帰服して最初の説法（法宝）を謹んで聞く。それで、師一人弟子五人の師弟六人が仏教教団（僧宝）をはじめて構成し、この世に三宝が実現したのである。これを住持《じゅうじ》の三宝という。あるいは小乗の三宝といってもよい。出家（専門家）本位のものである。

仏弟子は初め出家の男子しか許されない。やがて、そうした比丘《びく》僧と並んで比丘尼《に》も認められる。さらに在家の男女（優婆塞《うばそく》、優婆夷《うばい》）も加えて四衆《ししゅ》が、全体として仏弟子になり、進んで在家本位にまでなったのは大乗の段階からである。

すべて三宝についての反省と自覚とから、仏教の教理上の進歩発展があった。さきのように、釈尊中心の仏教として見たものを別体（別相などともいう）三宝というが、それが整備されて小乗の三宝となった。小乗の仏宝は、丈六（八尺の倍）の身たけ、法宝は四諦《したい》十二因縁や衆生空（人間のはかなさ）の説、僧宝は四果（阿羅漢になるのが目あて）と縁覚《えんがく》（独覚）。

それに対し、大乗の三宝では、三身（法報応の三種身）の如来が仏、二空（衆生空と法空）のことわりが法、三賢および十聖の菩薩のすべてが僧である。

考えてみると、仏教も大乗ともなれば、もはや全世界全人類を問題にするもの。よって、仏法僧の三宝の一々に、また仏法僧の意味が含まれるとまでして実践的になった。それがすなわち「一体三宝」の由来で、三宝の総相、総括論である。

聖徳太子が十七条憲法上、篤《あつ》く三宝を敬えと申されたのが、日本仏教のはじまり。国家と国民を離れては、仏教もその意味をなさない。逆に仏教を無視しては、道徳も教育もその見方が浅いと言われるのが、この国の文化の実際であろう。

『観無量寿経』には、「三宝を恭敬《くぎょう》し、師長に奉事《ぶじ》す」という。三宝は出世間、師長は世間と区別されるが、その根本には二つに分けられない所がある。その一体性の意味が「一体三宝」である。『宝性論』三に、「真宝は世に希有《けう》なり、明浄及び勢力あり。能く世間を荘厳し、最上なり、不変なり」等と六義を挙げている。同体三宝、同相三宝は一体三宝と同義である。このほかに理体・化相・住持の三種のものがあって合せて四種三宝という。理体は真如の体の上に立てたもの、化相は別体または真実の名でもよばれ、三宝のより具体的なもの、そして住持の方は一層現実的社会的もしくは歴史的なそれである。

五障三従（ごしょうさんしょう）

「五障三従《ごしょうさんしょう》」、仏教の女性観である。婦人は男性よりも罪が深いなどとは、現代に通用しないことのようであるが、その意味を考えるべきである。

今から四百五十年前、本願寺第八代の蓮如《れんにょ》上人は、それまで衰えていた真宗を興すため京都から越前に下り、吉崎を中心に北国人に向かい文書伝道をなされた。そのいわゆる「おふみ（文）」中に「五障三従の女人《にょにん》」という言葉がでる。

五障と三従とは別で、五障の方が仏教の専門用語、三従は儒教的なものである。

まず五障は『法華経』第十二提婆達多品《だいばだったぼん》（章）に、「女人の身に、梵天王、帝釈《たいしゃく》、魔王、転輪聖王および仏になれない五つの障《さわ》りがある」と説かれているのを指す。つぎに三従は、婦人（女性）は「幼にして親に従い、少（青年）にして夫に従い、老いて子に従う」ということである。三従のごときは今は封建道徳といわれそうであるが、一面の反省事実であり、それによって婦徳はかえって光るのである。

五障としては別に①信・進・念・定・慧（信心・精進・観念・禅定・智慧）の五善根《ぜんごん》（信仰上の善行）をさまたげる欲・怠・瞋・恨・怨（貪欲・懈怠・瞋恚・悔恨・怨憎）の五悪心を数え、また②修行上の障礙《しょうげ》となる煩悩・生・業・法・所知の五障にかぞえるものもある。なかでも後者中の煩悩障・所知障を「二障」としてその代表的なものに考える。煩悩障は涅槃《ねはん》（さとり）を妨げ、所知障は智慧（宗教的めざめ）を害するのである。

さきの提婆達多はお釈迦さまを死に至らしめようとしたほどの大悪人であるが、のちに成仏したとある。しかし女人には成仏の道がなく、変成男子《へんじょうなんし》とて、いったんは男性に生まれ変わらねばならぬ（そして阿弥陀仏の四十八願では第三十五の願にそれをなそうと誓う）とする。がこれはやはり反省を求めただけのもので、決して女性軽視が本意でない。現に智慧の語はインドでは女性名詞である。ある種の男性のごとく愚かでありえないことが、かえって女性の身を誤るゆえんのところを、仏教は深く慈悲（愛）の心から説示しているばかりである。しかもそうした教化の慈悲心への目ざめのうとさ（不信心）につけてこそ、いよいよ「五障三従」のさとしを女性はひそかにも喜ぶべきであろう。お説教の座にありては、相並ぶ男性も女性におとらずこの語によりてきよまりと励ましとを受けてきた。

さきの女人が五身になれないは、①梵天になれず、浄行を修することができない、②帝釈天になれず、少欲でない、③魔王になれず、堅固でない、④転輪聖王になれず、仁者でない、⑤仏になれず、万徳を備えることがないの意味である。仏教は一切衆生の成仏が目標であるから「変成男子」の本願もある。親鸞の和讃に、「弥陀の名願によらざれば、百千万劫すぐれども、いつつのさはりはなれねば、女身をいかでか転ずべき」とある。

地獄（じごく）

地獄《じごく》の原語はナラカ（奈落）である。古代インドの宇宙論に須弥山説《しゅみせん》というのがある。須弥（スメル、妙高）の山は一小世界の中心で、そのようなもの千で小千世界。小千世界が千で中千世界。中千世界が千で大千世界。以上、小中大あわせて「三千大千」世界と称する。そしてこの宇宙は無数の大千世界でできていると説く。それを仏教でも採ったから、須弥山ごとに仏《ほとけ》さまがおいでる意味で、仏座のことを須弥壇と申す。

また世界の基底は虚空《こくう》（空輪）で、その上に順に風輪、水輪、地輪（金輪）がある。（それに風と水の間の火輪を合わせて五輪とし、これを逆に重ねた形で塔婆の姿となる）さきの須弥山は地輪上にあり、七金《こん》山をめぐらす。その外側は鹹《かん》海で外《げ》海という。そのまた外側に鉄囲《てっち》山がある。要するに山は、鉄囲、七金、須弥の九山。また海は上の外海の他に七内海があって八海。それで九山八海。大海と山はめぐり合うて、それを「八功徳水《くどくすい》」が潤《うるお》しているともいう。

さきの外海の四方に四大州があるうち、南側が閻浮提《えんぶだい》とて、われわれのような人間の住むところ。また須弥山の頂上は三十三天（忉利天）が住み、中腹には四天王が住む。そして日と月は須弥山の中腹にかかる。全くの天動説である。江戸時代末に西洋から地動説が伝わった時、佐田介石らがそれに反論してこれを護《まも》ろうとしたゆえんである。

さて地獄は、さきの閻浮州の地下五百由旬《ゆじゅん》(里程)の深みにあり、闇《あん》黒所で、閻《えん》魔王が主宰する。八大地獄、八寒地獄など百三十六種がある。生前に罪を犯したものが、その種類によって分けられ長く責罰を受ける場所。罪の多いだけ、地獄の数がある。

現代にはこれを信ずる者が少ないが、宗教は心霊上の事実であるから、これらの教説の意味をかみしめて、「地獄、餓鬼、畜生の三悪道」のない清浄国土を建立することを本願の初念とされた阿弥陀仏への信帰に資することが大切であろう。いまの世にあまりにも地獄沙汰《さた》の多いことが、仏教の名において悲しまれる。

「地獄・極楽」といって、決して「極楽・地獄」の順でいわないのはどういう意味か。日本人に地獄や極楽の思想や観念を定着させたのは源信の『往生要集』であるといってよい。そこに説かれる八大(八熱)地獄は、等活・墨縄・衆合・叫喚・大叫喚・焦熱・大焦熱・無間(阿鼻)の八、また八寒地獄は、頞浮陀《あぶだ》・尼頼浮陀《にらぶだ》・阿吒吒《あたた》・阿婆婆《あばば》・睺睺婆《こごば》・鬱波羅《うばら》・波特摩《ばどま》・摩訶《まか》波特摩の八である。こうした所で責苦を受けねばならないのは、すべて自身の悪業であるから、誰も助けることができない。また地獄の牛頭《ごず》、馬頭《めず》も幻影である。けれども、浄土教では「不善業の五逆・十悪(堕地獄の因)をつくる」人も、念仏をすることによって「極楽世界に往生」することができるとする(『観無量寿経』九品中の下品下生)。そこに地獄・極楽の順で説かれる意味があるのである。『歎異抄』に、「とても地獄は一定すみかぞかし」の語が見えるが、それに、地獄に堕ちるほかない身が、それなればこその救いと信のよろこびを表明したもの。

三途の川（さんずのかわ）

みつせ川、わたり川ともいう。人が死んで初七日《しょなぬか》に渡る川である。ここには緩急の三瀬があり、生前の造業（身口意の三業）の浅い深いでその渡りように三途の別があるとする。もと三途は、地獄、餓鬼、畜生のいわゆる「六道」中の下方である三悪道《さんまくどう》―上方の三は天上、人間、修羅―のことであった。三途の川の川ばたに脱衣婆がおり、亡者《もうじゃ》の着衣をはぎ取る。それを懸衣翁《けんねおう》に渡すと、男は衣領樹《えりょう》の枝にかける。すると罪の軽重により、枝の垂れさがり方が三様であるという。『十王経』という中国で作られた経典に出る話。十王は泰広（本地は不動明王）、初江（釈迦仏）、宋帝（文殊）、伍官（普賢）、閻魔（地蔵）、変成（弥勒）、泰山府（薬師）、平等観音、都市（勢至）、五道転輪（阿弥陀）の名をもつ。経によると、死者は七七日中の毎七日、百ケ日、一周忌、三年忌にさいし、順次十王庁《じゅうおうのちょう》という所に出て罪のさばきを受けるという。

インドでの代表的な諸仏諸菩薩が、中国人に分りのいい名と姿で形をかえて現われ、しかも手きびしいさばきをするという所に、仏教は変容しながらも人間をただしすくうという根本の意味を失っていない。とくに閻魔《ヤマ》（罪人を縛るといういみ）王が地蔵菩薩《ぼさつ》の化身である所が面白い。インド神話では正法と光明の神ヤマとその妃ヤミーが人類最初の死者で、しかも冥界の支配者になったという。

有頂天（うちょうてん）

略して「有頂《うちょう》」ともいう。バヴァーグラの訳語。バヴァ（有）とは存在する、形をとるということ。「三有《さんぬ》」とて、欲と色《しき》、無色の三種、あるいは三段の生死あるを説く、それが三界《がい》である。もと「世界」（ローカダートゥ）の語は仏教より出で、過去、現在、未来が世としての三、そして東南西北（四方）および上下で六方、それに東北、東南、南西、西北（これを四維《しゅい》という）を加えたものの十方位が界。また世間というも世界に同じい（間はまどりで、へだたりながらしかもつながること）。これに二種あり、生物の住む国土が器世間、そして天、人、修羅、三悪趣《さんまくしゅ》（地獄、餓鬼、畜生、三悪《さんまく》道ともいう）の六道を衆生《しゅじょう》世間という。したがってすべて形をとったのが世間であり世界であると知るべきである。それゆえにこそ出世間の語があるわけである。世間には有漏《うろ》（サースラヴァ）とて煩悩を有するが、出世間にはそれがないからこれを無漏という。仏法は有漏から無漏への道ゆきで、これを解脱《げだつ》といい、解脱の道がたどれずしてさまようのを、繫縛《けばく》という。煩悩にしばりつなげられることである。解脱はいまいう自由、繫縛は不自由である。

さて欲界では婬欲と食欲の二欲が強い。上は六欲天（四王天、忉利天、夜摩天、兜率天、化楽天、他化自在天）、中は人界、下は八大地獄まである。その上が色界。欲界のよごれは離れて清浄であるが、なお形（色、ルーパとは形のこと）あり。これに初禅、二禅、三禅、四禅の四段がある。そのうち第四禅中の最高処を色究竟天《くきょう》という。アカニシュタ（阿迦尼吒）天と称する。それが有頂天なのである。つぎに身体、宮殿などはなお色法であるが、色、受、想、行、識の五蘊《うん》中の色蘊をはぶいたあとの四で成るのが無色界である。これにまた識無辺処、空無辺処、無所有処と非想非非想処の四天があり、そのうち最後の非想天をも有頂天ということがある。（非想は非有想、非非想は非無想ということで、この天の禅定が至極静妙であるのを非想、またそれでいながら細想のなくはないのを非非想という）

有頂天にはかくして、のぼりつめるという意味がある。そういうことから、ひとが好む所に甚だしく熱中して他を顧みなくなるのを有頂天になるという。得意の絶頂であるが、それがあぶない。『栄華物語』鶴林の巻に、「この娑婆《しゃば》世界は、（中略）乃至有頂も、輪廻期無《ご》し。」と出るが、出典は源信の『往生要集』にある。輪廻《りんね》とはさきの六道中をへめぐることであるが、期なしとは、そこを脱出するあてがないということ。さらにいえば、娑婆（サハー）世界たる釈迦仏のこの世では、その名のごとくそこの衆生は十悪に安んじ、諸煩悩を忍受する。「サハー」は元来、大地の意味であるが、そこでの人民の特色が煩悩に甘んずることで、これを忍界とも忍土ともいう。

禅（ジャーナ、禅那）は静慮でこれを「定」と訳し、禅定と熟した。菩薩六度の行の第五位。俗縁を離れ、繋縛を断ち、慮《おもい》を静め、心を明らかにして真正の理に達すること。その時、観想の対象としたのがさきのごとき諸天で、有頂天のごときはその最高（究竟）位のものでありながら、なお用心を要するとされたのは、「のぼせあがり」やすい人間の弱点を衝いたもの。

本　願（ほんがん）

本に当たるプールヴァの語は「もと」で、さきとか根本の意味。願はプラニダーナと言い、仏、菩薩《ぼさつ》がさきの世におこした衆生《しゅじょう》を救う誓願のことを本願という。さきの世(前世)はその誓願の根のふかいことを現わすだけで、この世でおこした誓いもふくめるはずである。本願はとくに阿弥陀仏のそれが代表的で四十八もの多数をかぞえるが、中でも第十八には一切の人間を自分の世界へ来たがらせぬことには自身も成仏を断念するとまで誓われてある。

本願は宗教の根本の実相であり人間が真剣になって働こうとするときの原型でもあり、およそ心ひそかに願いを立てたならば、次に忍ぶことがいる。ひとにその願いを見てもらい、きいてもらうのである。自身にも十分その願いを吟味し検討していく。さていよいよわが願い、これまちがいなしと確信がもてたなら、そこに大きく道が開けるであろう。すでに道が開けた第三の段階では右顧左べんせず、ただただまっすぐ前進せねばならない。

浄土教では極楽に往生まちがいなしと信ずるを本義とする。往生すなわち阿弥陀仏のもとで成仏する道である。この世ではさわりが多いから仏の世界に至るのであるが、その仏界、仏国土に至ろうとする心根のそこからこの世をすでに深く見直している意味がある。

本願の数は阿弥陀仏では四十八であったが薬師如来では十二。また四十八願の第一には無三悪とて貪欲《とんよく》（過欲）、瞋恚《しんに》（嫉妬）、愚痴《ぐち》（無知）の無い世界が願われたが、とりわけ第十八を主要（王本願）としたのはさきのように念仏往生の道が説かれたからであり、それには仏の本願すなわち他力（本願力）への人間の信頼が条件であったのでそれを「他力本願」という。しかし自力では本願に背いたことになるから自力本願という言葉は意味を成さない。

京都の東西両本願寺は親鸞の娘覚信尼が建てた寺に亀山天皇が本願の名を与えられたのが起こり。阿弥陀仏の本願を中心に教理を説くのが浄土教でこの仏の名をたたえてその浄土たる極楽に往生する極意。そこには絶大な仏力とそれに対する悪人・凡夫《ぼんぶ》として、最低の人間たることへの反省と自覚との中からすくいの成就する理が説かれる。最後の一人まですくい切らねば自分も成仏しないという意念に燃えたのが法蔵菩薩（のちに阿弥陀仏）の宗教的決断である。

薬師如来の十二本願は、「十二大願」といわれ、①光明普照、②随意成弁、③施無巻物、④安立大乗、⑤具戒清浄、⑥諸根具足、⑦除病安楽、⑧転女得仏、⑨安立正見、⑩苦悩解脱、⑪飽食安楽、⑫美衣満足であるが、阿弥陀仏の本願に比べて素朴、現実的である。親鸞は四十八願中のさきの第十八だけを「念仏往生の願」として中心的意味のものに理解した。「至心信楽《ぎょう》の願」とも称してこれを最も重んじた。また「本願招喚の勅命」というのは、善導の『散善義』に、人はその一生を荒野に歩むが、その時荒野に叫ぶ声があり、本願の念仏を勧《すす》め、そして招《まね》く。勧めるのは東方の釈尊の声で、これを「発遣《ほっけん》」と称し、招くのは西方の阿弥陀仏で、それを「招喚」というと出る。この本願招喚の勅命につけ帰命ということがあり、それが南無阿弥陀仏である。

他力本願（たりきほんがん）

何でもたのみごとをかなえてもらう意味で使われる「他力本願」の語は、もと浄土教の要義をあらわす大切なことば。他力とは如来の救済力をさす。阿弥陀如来が初め法蔵という名の菩薩（修行者）であったとき、全人類をすくおうという誓願を立て、ついにその大本の願いを達成して現に極楽浄土にいられることが経典『大無量寿経』に説かれる。

それを仏教神話とのみ解したのでは理解が浅薄である。聞きかたの不足、仏法についての無知がその原因であろう。たとえ知っても生半可であるから「自力本願」などの誤用もする。しかし自力は自力で意味をもつ。

ただ自力のまに合わなくなった段階で開けるのが他力の世界。こちらからでなく向こうから開ける世界である。もと仏の本願によるゆえに他力という。本願他力の意趣は悪人本位であるから「善人なおもて往生をとぐ、いわんや悪人をや」といえる。他力と自力とが対立するのでなく、自力破綻のまま他力に融合される。他力には自力をこばむ意味はないが、自己を反省させるはたらきがある。それが本願の主体である。

なるほど他力といえば、当然に反対の自力《じりき》が考えられる。それで、自力本願という人があるが、それは「本願」の真義を知らないことからくる全くの誤用で、ことばそのものが意味をなさない。

力《りょく》の字は、努力とか権力とか体力、国力などと言って漢音は「りょく」であり、すべて「ちから」を表す。ゆえに自力《じりょく》といえば、自分の力にほかならない。しかし仏教語は呉音《ごおん》であるから自《じ》力《りき》と発音し、それは他力を離れたものでない。

つまり宗教的にはもっぱら仏力《ぶつりき》が意味をなすので、それを他力《たりき》という。他力に比し自力は本来道徳的なものである。人間にかぎらず一切の生物（これを衆生《しゅじょう》、という）が天地の恵みを受け、ことに仏のすくいに預かるその信仰が他力中の他力で、ことにこれを代表するのが阿弥陀仏の本願であるから、本願他力という。そのアクセントはどこまでも「本願」の二字の上にある。それで本願力ともいう。

本願には、どこまでも一切衆生をすくい尽くすというところがあるから、他力のまま絶対である。その絶対のなかから生まれる相対の方面が自力という道徳的努力であるから、自力を伴わない他力はありえない。真に深くわれわれを立ちあがらせるものが、本願のままの他力で自力なのである。それが他力本願といわれるところである。

大事なのは、本願という仏力《ぶつりき》のなかに、わが生命をありのままに発見する、いな、発見させてもらう、そのことなので、それをしも他力、したがって「お他力」とまでいう。

自力の限界に開けた宗教的風光が他力であるから、その実相は、「汝、一心にしてわが名を称えよ」による念仏の道であり、それに対し、疑いなくハイと答えることのできる称名の姿にこそ限りなく尊い宗教的天地が見られる。

三願転入（さんがんてんにゅう）

阿弥陀仏の本願に四十八のものが説かれているうち、十八、十九、二十の三つを特に重要と見て、これを三願にかぞえる。

しかし三願という言葉だけでは、①三種ということで、菩薩が起こす願に三方面あることを意味する場合と、②法蔵菩薩が起こした願で、その行実践の結果、阿弥陀仏になられた後の四十八願を摂法身・摂浄土・摂衆生の三性質の基準で分類する場合の二つを、区別する必要がある。

①の三方面とは、いっさい衆生に真理を証知させよう（だれにも物の道理をわからせよう）、あくことなく衆生に説法しよう（教える努力）、身命を捨てて仏法を守ろう（正法護持）ということを指す。②の三分類とは四十八願中、第十二、十三、十七に仏（法身）の意味が、同じく第三十一、三十二に浄土（極楽）の意味がこめられ、残り四十三すべてに衆生（人間）成仏の趣意が願われているというのである。いまの第十八、十九、二十の三願がいずれも摂衆生中のものであることから、いかにわれわれの成仏が急がれているかがわかる。

親鸞は『教行信証』において「わたしは論主・宗師のみちびきで万行諸善の仮門《け》から、善本徳本の真門に入り、さらに方便の真門を出でて選択の願海に転入した」と述べている。それを当てはめたようであるが、「万行諸善の仮門」は『観無量寿経』の世界で第十九願、「善本徳本の真門」

は阿弥陀経の世界で第二十願、そして「選択の願海」は『無量寿経』（大経）の世界で第十八願をそれぞれ示したことと理解するのが「三願転入」の教理である。

　信仰は体験の事実である。しかし教義を乱すことは許されない。浄土宗では第十八願を往生（極楽）の因念仏、十九願を臨終来迎、二十願を果遂の益を誓ったものとする。そういう法然までの伝承を受けながら、親鸞はついに「雑行《ぞうぎょう》をすてて本願に帰す」という、はっきりした他力正信の道にその己証《こしょう》をなしとげたのである。真宗では第十八を弘願《ぐがん》門とよび十九の方を要門、二十の方を真門と称する。親鸞は三願のいずれをもきわめつくし、第十八の一願に最後的なすわりを得たもので、そこに宗教的体験のきびしさと、その論理の明確さとを、われわれにじかに示したものがある。清沢満之師（一八六三―一九〇三）もエピクテートス（ギリシアの哲学者）の要門からスタートし、行者体験の真門を経、最後に「我が信念」の弘願門に証入されたものであったろう。

　三願転入には、親鸞の血のにじむような宗教体験が裏づいている。『教行信証』がすでに「教行証」というインド以来学習し古された用語と概念の上に、正像末の仏法史観を合せながら、とくに機深二種深信の体解に立って信の一道を本願の名において明確に論証されたものであったが、その末巻「化身土」に至ってこの論理の開明のあったことは、現代における弁証法神学（キリスト教）の宗教信からも新たな着目を受けてよい事態といえよう。一切経中より浄土の三部経をその一体性においてとらえることも教理史的に眺めて容易ならぬ宗教的眼力であったとしなくてならぬが、親鸞はそうした伝承に立ちつつまた自らの己証を確実明白にしていったのである。

二河白道（にがびゃくどう）

二河中の白道。白道は信仰心を表わす。浄土教で大切にした譬説《ひせつ》。仏教は法説、譬説、合説の三段にして説かれる。法説は宗教的真理そのものでこれを「宗」の一字でも示す。宗は仏心であるが、それが言葉となって「教」である。それで宗教という文字があるが、明治になって欧米の「レリジオン」の訳語に、この宗教の二字を当てた。

第二段の譬説は、さきの法説を一般にわからすための世間ばなし、たとえ話。『法華経』においては、深い、あるいは最高の真理というべきものを説くために、七種の長者物語が譬説として出る。ここでふれる二河白道でも、火の河は嫉妬《しっと》で水の河は貪欲《とんよく》であり、やはり世間人の生きあんばいをさす。第三の合説は、法説と譬説とをあわせ説いた、まさに説明である。

二河白道は、中国・唐の善導大師（六一三―六八一）が『観経疏』中の「散善義」という書物のなかで、回向発願心《えこうほつがんしん》の説明中に説かれた譬説。観経という仏説（法説）への解説中におけるたとえながら、独立した美しい宗教文学である。

人あり、西に向かって進むほどに、たちまち南に火の河、北に水の河が、果てしない広がりと底知れぬ不気味さのなかに、相互に水の勢い、火の勢いをぶっつけながらさしせまる。その両河の中ほどに、幅四、五寸の狭い道が東から西へと通じている。旅人のうしろからは、「油断せずにその道をまっすぐ前に進めよ」という声がかかり、また前方からは、「うしろも見ずに一心にこの方向に真向きになって来いよ」、との叫び声が聞こえる、というのである。

赤色の炎は人間のねたみ心である、黒色の波浪はその飽くなきむさぼりの心である。しかも、その間を縫う真白き信仰の心には、いささかの汚れも見えぬ。さきの「行けよ」との後ろからの声は、釈迦仏がこのシャバ世界で、前方からのそれは阿弥陀仏が西方極楽で発せられたもの。回《え》向《こう》は、そういう仏の悲願が絶えずわれらに振り向けられているところを指し、発願は仏の本願のまま、われらの胸のうちに信心の開けるのを指す。

火は赤、水は黒で現わす中、信心を白で示すのは興味ぶかい。群賊・悪獣に追われた旅人として無常の世間中の人間を描くこともインド以来あることである。『観無量寿経』のごときは、王舎城の悲劇、すなわちビンビサーラ王・ヴァイデーヒー妃・アジャータシャトル太子の親子三人にまつわる宿業苦を題材に、うるわしく浄土教信仰の実際を語り、ついに全人類として求むべき至上の幸福とは何であろうかをまで明かそうとするすぐれた教典であるが、その経を無上のものと選んだ善導の註釈書中に、この二河白道の譬喩のあることは、やはりその法説の確かさにもとづいたものであるといわれよう。『歎異抄』には「弥陀の本願まことにおわしますば、釈尊の説教、虚言《こごん》なるべからず。仏説まことにおわしまさば、善導の御釈、虚言したまうべからず。」とあり、そのあと、法然へ、親鸞へと続けて開けた信仰の道が語られている。

信　心（しんじん）

信心、信ずる心。そこにまず、何をどのように信ずるのか、ということがある。「何を」は対象、「どのように」は方法。しかも、その対象と方法とが二つで一つであるのが科学とちがう宗教の立場と特色。インドでバクティ（bhakti）といえば一語で「信心」の意味を表わしたことになる。しかし中国・日本の仏教では、漢字の精神と意義を生かしながら発達した面がある。信仰のじっさいとしてそこが大事。禅に有名な『信心銘《しんじんめい》』という本があって、すでに信心不二《ふに》ということを教えている。信は仏のくらい、心は行者のくらい。不二信心ともいい、無心の一つ心のところから一切世界が開けていることに目ざめる、それがまさに「さとり」である。

親鸞は「愚身の信心」（歎異抄）といわれたが、それこそは念仏の道にほかならない。弥陀の本願を信ずるまま、念仏申さんと思いたつ心おこるのであるから、真宗では信心を「まことのこころ」と読む。そういう心を衆生《しゆじよう》（人間）にもたすのが本願の意味と内容とである。受けとめる方法までが信ぜしめる相手の側に用意されているから、これを「他力」という。他力なれども、信じてもちいれば、すでにわがものなので、その理を仏凡一体という。一体であり不二であることからこそ、信心はよろこびであり、やすらぎでありうるのである。

往生（おうじょう）

往《い》って生まれる。この娑婆《しゃば》世界を離れ、かの阿弥陀仏の極楽浄土に行って生まれ変わること。浄土教を成り立たせる根本の観念である。何のため極楽へ行くのか、極楽とはどんな世界かという疑問が生じよう。『大無量寿経』や『阿弥陀経』、また『観無量寿経』等に詳細に説明されているが、極楽往生は成仏、つまり真に仏になるためである。

それはこの世が五濁《じょく》といって、時代、思想、生活、人間、使命いずれの面からも妨げが多くて、仏にはなりにくい。そのことを見通して安楽で容易に、だれでもが成仏できる道を実現したのが阿弥陀仏であり、その世界が世にいう極楽である。

人間が仏になる道とも手だてともして、極楽に往生することを、阿弥陀仏はその本願として立て、称名念仏だけをその要件とした。『無量寿経』の最後には、弥勒菩薩の問いに答えて、釈尊は「この釈迦仏の娑婆から六十七億の菩薩が浄土に行くように、他の十三仏の世界からもそれぞれに何千何億の菩薩がみな行って仏の座に着く（皆当往生）」と教えている。

世間でものごとに行き詰まったり、手こずったりした時「往生する、往生した」と言う。手ばなしになった、処置なしということである。極楽へ行く、往生するということも、今では死の意味だけにして理解する。

信仰は、いずれは死につながる道ではある。しかしそこに往って生まれる、生まれ変わるとは、どういうことであるか。この世からすれば往生であろうが、仏の側からすればむしろ迎え入れなのである。もし生死を超越することが仏教の真趣意とすると、ひとたび極楽に往生して成仏したものが再び還《かえ》って、娑婆世界に来生することもあるはずであろう。

まことに深く浄土の道に信をおき得た人には、正定聚《じゅ》といって、生きながらに仏の位に就くに決まり得た喜びとともに、報謝のため生きる限りでの社会活動があり、死後においても未信の人をひとしく往生の大道に誘引する意味のあるものと考えられる。

往生は浄土につけ、浄土は往生につけその意味をもつ。古く弥勒仏につけ兜率《とそつ》往生が、薬師如来につけ浄瑠璃世界への往生が語られた。また釈迦如来につけ、霊山《りょうぜん》浄土への住生が示されたものであるが、浄土教が隆盛するにともなって「往生」といえば阿弥陀仏の極楽世界、つまり西方浄土へ往生すること一つになったかに見える。しかもその言葉が「往って生れる」であるばかりに、また新たな疑問が種々に生れて、「往くとは」「生れるとは」等と改めて詮議立てされる。曇鸞の『浄土論註』には、「彼の浄土はこれ阿弥陀如来の清浄本願・無生の生なり。三有《さんぬ》虚妄《こもう》の生の如きにはあらず。」といわれ、また真宗ではそれらにより、真実の信心を獲得して、正定聚《じゅ》の位に至ることを「往生」と定義しているのである。

光明本尊（こうみょうほんぞん）

本尊は、本師・本仏として供養し礼拝する尊像のことである。その種類はきわめて多い。しかし絵像、木像あるいは金銅仏などとして、まつられるようになったのは後代になってからのこと。仏教の初めには、ホトケが人間の姿で理解されるということはなかった。例えば、成道は菩提樹の木や葉の形で象徴的に示された。いま光明本尊とは、光明の中に阿弥陀名号（三種ある）ならびに仏、菩薩、高祖、先徳等の像を表わした一種のマンダラ式絵図である。略して「光明本」といい、「絵系図」とも名づける。

真宗中でも仏光寺派―この仏光の寺名に注意したい―が、特に絵系図を中心に光明本尊を保持してきた。図像の中央は「南無不可思議光如来」（九字）で、その左側に「南無阿弥陀仏」（六字）、右側に「帰命尽十方無碍《むげ》光如来」（十字）とある。そして六字名号の下に、弥陀像、十字名号の下に釈迦像があり、ともに立像である。さらに左側外辺に、大勢至、龍樹、天親の三菩薩《ぼさつ》形、および菩提流支《ぼだいるし》三蔵。同じく右側外辺には中国の曇鸞、道綽、善導、懐感《えかん》、少康、法照の六師、日本の聖徳太子、恵心（源信）、源空（法然）、親鸞、信空、聖覚の六祖の各像が配置されている。総じて浄土教が三国に開け伝わった次第を一覧の図表にしたもの。中尊が九字の名号で、阿弥陀仏の光徳の不可思議を中心に表明している点、親鸞の正信偈《げ》に「南無不可思議光」と歌ったことに参照して注意してよかろう。聖人の「尊号真像銘文《めいもん》」は、八十六歳の時の作とされるが、本末二巻に分けて、尊号の銘文（名号の上下に付した色紙に書かれた経論の要文）と真像の銘文（諸祖真影の上方に記した釈文の聖訓）とを、わかりやすい日本語で注釈している。

筆者は六十年前の中学生の時、一夏、可釆大秀師の尊号真像銘文講話を聴いた。今日学んでもこれ以上にすぐれた浄土教入門書はないようである。最初の第十八願（無量寿経）の解説中にこうある。「唯除五逆、誹謗《ひぼう》正法（ただ五逆と正法を誹謗するとをば除く）というは、唯除というは、ただのぞくということばなり。五逆のつみびとをきらい、誹謗のおもきとがをしらせんとなり。このふたつのつみのおもきことをしめして、十方一切の衆生をみなもれず往生すべし、としらせんとなり。」のごとく、淡々と浄土往生の深義をひとことにして示している。

阿弥陀仏の源泉をもとめて、ゾロアスター教などの光明信仰にたどるものもあるが、それは原語のアミターバが「無量の光明」であるからである。しかし、同じくアミターユスからすれば「無量の寿命」ということになる。中国では長寿ということが社会的にも大きな徳目であったから、無量寿の語がよろこばれた。しかも当の『無量寿経』を参照すると、無量寿仏につけ、無量光・無辺光・無礙《げ》光・無対光・燄王光・清浄光・歓喜光・智慧光・不断光・難思光・無称光・超日月光の十二光仏が説かれている次第である。親鸞は『教行信証』真仏土巻に「真実の仏とは不可思議光如来であり、真の仏土とは無量光明土である。」といって、寿命よりも光明の方を優先的に理解したかに見られるふしがある。けだし原義により近いのであろう。

浄土曼荼羅　（じょうどまんだら）

曼荼羅は、道場つまり釈尊が成道した金剛宝座。菩提《ぼだい》道場とも言う。それが形をとり、檀になったのを曼荼羅と称する。密教では、さとりをとげた仏の境地に、万徳が集まっているものとする。これを輪円具足《りんねんぐそく》と名付け、ふた色の図像（金剛界と胎蔵界）にして現わし、観想の方便にして仏道修行にはげむ。期するところは成仏にある。金剛界は『金剛頂経』、胎蔵界は『大日経』がもとになって、両部曼荼羅はできている。

しかしいま浄土曼荼羅というのは、そういう密教系の曼荼羅ではなく、ただ「浄土」の経である『観無量寿経』などに説かれた極楽浄土のありさまを図像化したもので「浄土変《へん》」というのが正しい。変は変相ともいい、それを説明した変文《もん》と一緒にして、経典の内容をだれにでもわかるように、美しい絵にして表わした。インドのアジャンターの石窟に描かれた仏伝図が最初で、それが敦煌《とんこう》の千仏洞でのさまざまな仏画に類型化し、唐代には善導が三百もの観経変を描いたという。浄土変のほかに法華変、華厳変、あるいは地獄変もある。

日本には、そうした浄土変の代表として三様のものがある。智光曼荼羅、当麻《たいま》曼荼羅、清海《せいがい》曼荼羅である。なかでも当麻曼荼羅は中将姫が蓮糸で織りあげたという伝説で有名である。天平宝字七年（七六三）藤原豊成のむすめが当麻寺で出家し、法如と名のった。父は横佩《よこはぎ》の大臣《おとど》と呼ばれた右大臣である。姫の出家の理由については、継母照日《てるひ》の迫害からとも、父の流罪の悲しみからとも言われ、能、浄瑠璃、歌舞伎にも演じられる。この曼荼羅は、超勝寺の僧清海が感得したと言われるものと共通して、観経によった浄土図である。なお清海曼荼羅は、いま奈良の極楽院にある。また、智光曼荼羅は、奈良の元興寺（もと三論宗の本山）にいた智光法師が用意して、極楽往生の修行方便にしたもの。さかのぼって千四百年前の聖徳太子の天寿国繡帳《しゅうちょう》（縫いとりによる曼荼羅）も、維摩変（釈迦浄土を現わす）とみることが許されれば、日本には合わせて四つの立派な浄土曼荼羅があることになる。仏教のすくいの波は、このように古くして新しく、狭くして広い偉大な妙味をもってわれらにせまりつつある。

両部曼荼羅は教理的にも体系の整うたものであるに比し、浄土変としての曼荼羅は、どこまでも浄土教信仰をたすける意味合いのものであるから、そこを誤解してはなるまい。しかし、宗教上のさとりは至極の所をいうものであるだけ、それだけに九割九分までは大方便の意味をになう大切なものということになる。浄土変のごときもそれであるといえよう。これら多種多様とも称してよい大小の変相・図像が、どのくらい民族の信仰心を仏教に対し具体的につなげてきたか分らない。早く日本に伝わって東京の田中豊蔵氏が蔵する敦煌出土の古写経裏面に画かれた「浄土変」素描は、一仏菩薩のいわゆる三尊仏を中心に、前後に単層二戸の堂と柱門を置き、しかも前方に天女等七人が舞踊する姿で、その古写経そのものが六朝期の作とされる所から、隋・唐の古い時代盛んに浄土曼荼羅のもとのものが出現していた事情が理解できる。

自覚（じかく）

除夜の鐘が鳴りおわり一夜あければお正月。除夜は旧歳の除き去られる夕で、その意味に託して百八をかぞえる煩悩の数だけ寺院の鐘をついた。清浄な身になって新年を迎える。瑜伽師地論《ゆがしじろん》という仏書に、「一切の煩悩とそのなごりを断じ、菩提《ぼだい》を得るのが仏である」と出る。菩提は覚と訳するが、仏の覚は大覚とも正覚ともいう。

仏ならずとも新年を迎えることに正覚の意味がある。釈尊は自ら覚悟し(これを成道という)、また他をも覚悟させられた。自覚覚他といい、じっさい覚他の力をそなえ得てはじめて自覚である。釈尊も初転法輪《しょてんぼうりん》とて最初の説法により成道をこの世にあかされたので、いらい仏教が全人類のものになった。

新年の諸行事はいずれも人間の自覚を進める趣意のものと考えられる。成人式が正月十五日になったのも偶然ではなかろう。仏教では自覚覚他、覚行窮満《かくぎょうぐうまん》と称するから、自覚だけでは不十分なのである。むしろ覚他という「ひとの世話」をするなかに自分の覚悟も一層に進められよう。

仏教の現代的意味合いは、個人と社会との関係で一番にハッキリさせられる。もともと社会の中の個人であり、社会あってこそ個人はその意味を全うするのであるから、覚他といわれる社会活動方面を十分年頭にあたっても考えておきたいものである。

邪魔（じゃま）

邪悪なる魔、邪法を説き、菩提《ぼだい》（さとり）の道をさまたげる悪魔のこと。『盂蘭盆経《うらぼん》』には「天神、地神、邪魔、外道」として、天地に満ちる鬼神、仏教外の諸宗教に並べて邪魔をあげる。延暦寺の僧が書いた『悉曇蔵《しったんぞう》』にある「邪魔が化して仏形となり、修行者を悩ます」というのは、のち『臨済録』に「非仏非魔」（仏でもない、魔でもない）と言うに至ったことわりである。本来、仏を離れて魔はない。

また、釈迦八相中に降魔《ごうま》（魔を降参させる）というのがある。大乗の八相は、①兜卒《とそつ》（天から退く）、②胎に入る、③胎に住す、④胎を出るの四つに⑤出家、⑥成道、⑦転法輪（説法）、⑧入涅槃《ねはん》の四つ。小乗のそれは右の中から③をはぶき、成道の前に「降魔」を入れる。悪魔が釈尊の成道を妨げようとしたことを重く見るからである。しかし、大乗にそれを伏せたのは、邪魔以外に成道はないものと考えるに至ったからであろう。

『大乗起信論』には、対治邪執《たいじじゃしゅう》ということが、顕示正義《けんじしょうぎ》のあとに出る。いわゆる破邪と顕正であるがこの二つはものの裏と表である。

世間で「お邪魔します」という挨拶《あいさつ》は仏教のこの意味から転じたもの。自己の訪問が、そのひとのために迷惑となり妨げとなることを恐れ、遠慮しているすぐれたおもいである。リードというイギリスの映画監督が、昭和二十一年(一九四六)に「邪魔者(ジ・オブスタクル)は殺せ」という作品を出した。その切り殺したいほどの邪魔者をも、わが道に入れようとするのが仏教である。

魔はゴキブリのようなもの、光には耐えないから、ひとたまりもなく隠れ去ろうとする。煩悩《ぼんのう》はわれわれにとり内界の魔である。さらに生老病死を四魔ともいうが、われわれこそ生死の魔界の真ん中にある者でないか。急ぎそこから脱出しなければならない。さいわい、生死を生死とさとれば、そこにすでに生死はないと教えられている(修証義)。

邪魔の意義を一応かようなものとして、ふたたび親鸞の『歎異抄』の初句にかえってみよう。そこには、「弥陀の誓願不思議にたすけられまいらせて、往生をばとぐるなりと信じて念仏もうさんとおもいたつ心のおこるとき、すなわち摂取不捨の利益《やく》にあずけしめたまうなり。」とあり、そのあと、「弥陀の本願には老少善悪のひとをえらばれず、ただ信心を要とすと知るべし。」と示しながら、そのわけを説明して、「罪悪深重、煩悩熾盛《しじょう》の衆生を助けんがため」こその本願であるから、本願を信ずるには他の善も無要。それは念仏にまさる善がないから。反対に悪を恐れることもない。その理由は、「弥陀の本願を妨ぐるほどの悪なきが故に」と語られている。邪魔も信心者には時にはかえって有難い縁ともなるであろう。

愚痴（ぐち）

「愚痴をいう」とか、「愚痴をこぼす」とかいう。インドの原語（サンスクリット）はモーハ moha（慕何）である。この語に「馬鹿《ばか》」という音字も当てられた。おろか者という意味。またマハッラカ mahallaka（摩訶羅）ともいう。中国ではそれを賢者と対比して愚者という。『賢愚経《げんぐきょう》』というお経が、一番はじめに中国に伝えられた。『賢愚因縁経』というのが本来の名で、インドの原名はアヴァダーナ avadāna である。アヴァダーナは「因縁」という意味だけで、賢愚の二字はその内容をとって中国で加えたもの。

トルストイの作品に「人間はどれだけの地面を要するか」というのがある。朝、日の出とともに原っぱに、ある地点からスタートして、夕方、日が没するまでに一周し得た範囲の地面をそなたのものにすると聞かされ、ある欲な人が遠くへ行きすぎて、日没まぎわに原点近くまで来ながら、そこで倒れ死んだ。その人には葬られるだけの地所しか得られなかったというのである。これもアヴァダーナにもとづいた説話である。仏教で因縁というとき、それは因果物語であって、したがって因果の理に通じたのが賢者、これに達しない者が愚者ということである。

痴は痴者《しれもの》と言い、やはりおろか者のこと。仏教で物事の道理を知らないことを「無明《むみょう》」というが、愚痴とはそういう部類にあるひとをさす。愚痴をいうも、愚痴をこぼすも、そういうひとのしわざであるにほかならない。三毒の煩悩といえば、貪欲《とんよく》・瞋恚《しんに》といまの愚痴の三であるが、それらが毒といわれるわけは、みずからをそこない、ひとをも害するところがあるからである。しかも三者は内面的には一連の愚かなしわざである。

ほしがるからねたむ。おなじ心理である。ねたむひまに努力すればよいのに。さらにいえば、ほしがるまえに物事に限りあることを知ればよい。しかも愚痴は貪と瞋よりも知性度がひくい。貪瞋にはまだしも因果の理にのったものがあるが、痴はその理にほど遠いから、施しようがない。けれども因果による邪や悪からすれば、愚の方がはるかに罪が軽い。旧軍隊内務班の柱には「小ごとを言うな」という張り紙があった。小ごとを言わさぬことが敗戦に通じたともいわれまいが、愚痴をいわない正直さが信仰の道で、それがおのれを救い、他を助ける道であることにまちがいない。すなわち無明と賢明は紙ひとえである。愚になり切れるままが真の賢者なのであろう。はからいの薄い愚痴を縁としても賢善の道に進みたいものである。

愚痴が無明（アヴィドヤー）に通じた。心性が闇昧で、一切の事理に通達するだけの智明（さとり）のないのをこそ愚痴（おろか）とした。親鸞が自身を「愚禿」（ぐとく）と名乗られたことの意味は深い。もろもろの悪見邪行は愚から起る。それで大乗にも小乗にもこの愚心をふくめて煩悩（クレーシャ）の研究が盛んであった。煩悩には惑・随眠《ずいめん》・心穢などの異訳があるほど複雑である。小乗の『倶舎論《くしゃ》』では九八の煩悩を数え、貪・瞋・痴(以上が三毒)・慢・疑・見の六根本煩悩、中でも第六の見がはげしいと見られる。大乗では『唯識論《ゆいしき》』に計一二八の煩悩を数えている。

意　地（いじ）

「いじめる」「いじわる」あるいは「かたいじ」などと言う時の「いじ」は、実は仏教用語の「意地」なのである。仏教は人間のことを「凡夫《ぼんぷ》」という。凡夫から仏までには十の段階があり、最後の仏《ほとけ》の位を仏地《ぶつじ》という。これに対応して、凡夫たる人間のはじめの境涯は「五識身相応」と言われる。五識身とは体を主にして理解した時の人間のこと。五識は体に備わった目、耳、鼻、舌および身（胴と手足）の五つの道具（五根という）が外界に向けて作用した時の働きのこと。身体性というほどの意味で、これを五識身と名づけた。「相応」はそういう外界との対応をさす。さて「意地」は、厳密には「意識の地」と言うべきであろう。つまり先の五識をそれぞれに働かせるそのもとに、第六識の意の識があるのである。その識のある限り、やはり道具立てとしては意根が第六根として考えられるが、先の五根（五識）はこの意根（意識）が伴わねば責任ある外界との接触とならない。だから逆に、意識が働いてこそ人間の人格性というものが認められるのである。

『瑜伽師地論《ゆがしじろん》』の十七地の第一が五識身相応で、その次が意地。意地は、言わばわれわれの心の定まりそのものである。「樹心仏地」（心を仏地にたつ）という言葉がある。凡夫の身と位にありながら、はるかに仏《ほとけ》の位をのぞみ願うことである。道元が只管打坐《しかんたざ》と申したのも、法然や親鸞が専修念仏とか他力信心とか称したのも、意地を正得したこと。意地は本来、心の素直さである。

V　てら・儀礼・行

てら（寺院）

寺院のことを「てら」というのは、おそらくパーリ語の「テーラ」thera に基づこう。それが仏教のひろまりにつれ、原語のまま、日本にまで伝わったと考えられる。「テーラ」は、いまでも南方仏教で「上座」「長老」のことをいう。坊さん仲間の上位にあるひとである。ひいてはそうした高僧たちの力のおよぶ範囲、あるいはその住まう場所を指して「テーラ」と称したのである。

中国の漢字で「寺《じ》」は、役所のこと、また「院《いん》」は垣《えん》で、これまた、かき（垣）でかこまれた建物、つまり役所のことである。寺院の二字で僧院、僧坊が「てら」の意味で理解されてきた。

歴史的にながめると、寺院はどこでも久しく文化の中心であった。寺院内での葬式は最初期にはない。その後、たとえあっても僧侶《そうりよ》のものに限られていた。在俗の人は家々に仏壇があるから、その前で式をあげることを本望にした。寺院の世俗的機能は、いうまでもなく教育が第一で、つぎは経済、第三は行政であった。鎌倉時代から「寺子《てらこ》」ということが始まり家々の子弟が有縁《うえん》の仏寺に教育を受けるため参入した。経済としては無尽講《たのもし》の座が寺々にあったわけで、いまの銀行業のもとである。さらに行政というのは江戸時代の寺檀《だん》制度までのことで、キリスト教禁止の動機に由来する面もあったが、宗教本来の機能は失ったわけではない。

「てら」の由来からは、おのずと住職たるひとが本尊仏に帰依奉仕するすがたが中心になる。

山門（さんもん）

寺院の正門のこと。また「三門」とも書く。大きな中央の門と左右の門と三つ連ねて一門とするからである。金沢には寺町筋に多くの山門がならぶ。とりわけ立像寺は、日蓮上人の七百回忌記念に山門を改築して以来その新装が目につく。ここには幕末期に優陀那《うだな》院日輝という高僧が出て充洽園という学校を開いた。殿様がスポンサーであったから、今も山門には剣梅鉢のマークが黄金に輝く。

昔、充洽園へ通う子どものうちに、ほかの子に、わるさをするのがいて、学習の妨げになった。みんなが相談して和尚（日輝）に申し入れた。「あの子をやめさせて下さい。そうでないと、あすから、わたしどもは参りませぬ」と。悲しげな顔で訴えをきいた師匠は、しばらくして「それでは気の毒だが、君たちにやめてもらおう。君たちは独りでもやっていける。しかし、あの子をいま、やめさすと、一生学ぶ機会を失うのだ」と返事した。みんなは心をいれかえて学習にはげんだという。優陀那院は日蓮宗きっての大学匠で、百巻の書がある。加賀藩士野口某の子で、安政六年二月、六十歳で亡くなった。

仏家の門は、迷いのこの世から「さとり」の彼岸へという意味のものであろう。寺々の山門は心してこれをくぐり、またその前を過ぎねばならないのである。

道　場（どうじょう）

インドのはなし。お釈迦さまの弟子中に、今はグローリアス・ライト（光厳）と英訳される名の青年がいた。ある朝、ベーサーリーの町から托鉢《たくはつ》を終えて、お寺へもどる途中、ゆきちがいに町へ帰ってくる維摩居士《ゆいまこじ》に出会った。「どこからいらした」ときくと、維摩は「道場から来た」という。「道場は、どこにあるのか」と重ねて聞くと、「正直なのが道場にあること。物事にすぐとりかかれるのが道場。まちがいのどこまでもなおせるのが道場。さらに手をあげ足を下ろすことも道場の中《うち》」などと答えた。そんな話が維摩経に出る。

道場は原語で「ボーディ・マンダ(妙菩提)」というから、ホトケのさとりに向かう心の働く場所には、どこにも道場の意味が、おびさせられている。病人は病床にありながら、そこが何よりの修養の場であり、道場なのである。春さき残雪の白山を遠望すると白装束で座した観音さまに見える。古人がシラヤマヒメの神にも、阿弥陀さまにも、この山を見たてたゆえんである。観音の浄土をポタラ（補陀落）と言い、それを「ふたら」と読んだ。これに二荒の字を当て、さらに「にこう」(日光）と読みかえたのが東照宮のある日光山である。

手取川ダムのため廃村になった白山下の諸郷は、数百年、道場の名で仏事中心に開けてきた真宗繁盛地である。失われていくのは破壊による自然ばかりでなく、認識不足による精神文化でもあることを忘れてはならない。随所に偉大な宗教の形と心を見つけだしえたわれわれの祖先は、やはり人間としても偉大であった。

さて道場破り、道場荒らしの語が裏側から語るように、本来は武芸を正しく修める場所が道場。しかも建物を主にしたと考えてよい。中国仏教では修行、行道の別堂を道場として建てたが、その代表的なものが坐禅堂である。

ブッダは三十五歳の時マガダ国ナイランジャラー河のほとり、ブッダガヤで悟りを開かれる。菩提樹の下においてであった。この木はピッパラ樹ともいう。その時、釈尊が坐られた地を金剛宝座という。

同じ維摩経に「一切法はこれ道場なり、諸法空を知るが故に」と述べる。諸法の空を知るとは知恵である。知られた一切法に対しては、その目で慈悲の思いが限りなく注がれるのである。さきにも正直が道場、心にうそがないから、発行《ほつぎょう》が道場、よくことを処理することに一つも誤りがないから等と説かれたわけである。道場は一人一人の居場所にそなわった普遍的な意味のことである。したがって釈迦仏だからピッパラ樹が菩提樹なので、過去七仏もその菩提樹は名を別にする。めでたくも釈尊のごときは、生まれながらにして仏たることを約束されていたのであろう。いなそういう意味を、各人が担わされていることに気づかせることこそが仏教の意味であり目的である。密教に道場観という作法があるが、本尊を招請することがその中心になる。いま家々に仏壇の安置される意味を、改めて深く考えてみるべきであろう。

方 丈（ほうじょう）

方丈《ほうじょう》、一丈四方ということ。たて、よこ、奥ゆき、いずれも一丈（約三メートル）の長さのあるへや。じっさいは禅寺で長老や住持が居所とするところを指し、転じて特に禅僧の年配者を一般的にそうよぶようになった。

むかしインドにお釈迦《しゃか》さまがおいでたとき、ベーサーリーという町に維摩《ゆいま》という在家の信者がいた。そういう在俗の仏弟子を居士《こじ》というのである。維摩居士は方丈の間に住んでたずねてくる人をつぎつぎに仏道へと指導したことが維摩経に書いてある。この経には禅者の要領がくわしくのっているので、のちの禅僧たちはこの居士のことをよく知り簡素で清潔なくらしを生活信条とした。世間でそういう人たちを方丈さんと称して尊ぶゆえんである。

しかし維摩居士には妻子があり、むしろベーサーリーの町の長者でさえあった。そういう有名人が仏教に帰依してひとびとを教育したところを参照してこそ現代的意味があるので、いまどきの社会指導にあたる人にも根本には宗教信念があってほしい。

禅宗は中国以降ですぐれた形にひらけた仏教であるが、その道で方丈のことばが重んじられるに至ったのは、やはり中国人の庶民的な道徳心のじっさいが社会的指導者に向けて尊崇の念から発動したものと考えられる。

仏塔（ぶっとう）

単に「塔」ともいう。もと梵《ぼん》語の「ストゥーパ」を「卒塔婆《そとば》」と音写し、それを略して塔婆《とうば》とも言った。塔の字だけにも「土石を高く積んで遺骨を蔵する」（諸橋辞典）という意味がある。中国で廟《びょう》というのを仏教で塔と称する。仏塔、祖廟という。それだから、塔には仏舎利（仏骨）がつきものなのである。お釈迦さまのご遺骨は八大国に分けられた。それが、さらに細かにくだかれ、胡麻《ごま》つぶほどになったが、永い年月、大切に奉安されてきた。名古屋の日泰寺のものはじめ、近年、日本に伝わった仏舎利は、みな由緒正しいものである。

仏教国スリランカ、ビルマをはじめ東南アジア諸国には大小の「パゴダ」が建っている。これも「遺骨堂」の意味で、ふかい信仰心から自他の功徳のため建てたもの。インド仏陀伽《ぶっだが》耶《や》の大塔のごとき、仏教徒はこれを久しく異教徒から命がけで守ってきた。

尤も宗教的な目ざめがハッキリすれば、舎利の有無は問題にならないであろう。唱題も称名も、本来、念法や念仏のまま、わが心中にふかく仏塔を建立していることである。七堂伽藍《がらん》に、本尊堂（金堂）に並んで五重の塔が建つ。塔はさしずめ仏教の「からだ」で、身心不二《ふに》を説く仏道上、本尊を拝む「こころ」を離れて、それは意味をなさない。からだと心とが二つでないのに、からだ（生命）を粗末にしがちな現代人に対し、その本心をよびさます仏塔からの声が聞こえる。

尼（あま）

「あまさん」といえば女性の出家者のことにちがいない。浄土宗や禅宗のお寺に多いのは、それらの寺では男僧がおもで管理がすみずみにまでゆきとどかないことや、台所の用が女手でないと十分でないことからであろう。もっとも永平寺や総持寺には典座《てんぞ》さんという専門の炊事係長があって雲水の修行のもとである食事を支度する。大切なしごとである。

インドで男僧をビック（比丘《びく》）、女僧をビックニー（比丘尼《に》）といった。そのうち比丘尼を略して「尼」の一字で表し、しかもこれを「あま」と呼んだのは、自説では「海女」つまり海水をふかくもぐってあわびなどを採る女性が、むかしは作業上断髪していた、その外形がいま女僧の姿に似たから「尼」のまま「あま」と呼んだのではないかとしていたが、岩本裕氏『日常仏教語』では、尼の原語アンバーがアンマーとなり、その呼格アンマが中国の母や乳母を意味する阿媽になったものとしている。学者の説であるからいまはそれに譲る。

戦時中、輪島のアマ町のお母さん方が、戦地の夫に出すはがきを初めはひとに頼んだが、再々というわけにいかず、それまで小学校四年ぐらいで授業をやめて家事を手伝わせていたのを、改めて就学させ、字を習わせるようになったと聞いた。海女説からの連想である。もとより「尼」の字に「あま」の訓はない。音写にすぎない。

門徒（もんと）

ほんらい、門人とか教え児《ご》の意味で仏教外でいわれていたのがはじまり。仏教用語としては、その宗門の信徒ということで、いずれかの宗派に属することが前提になる。しかも信徒である以上、所属寺院の住持との間に、師匠と弟子という関係をもつ。いまは衰えたが、以前、新規にその家へ嫁入り婿入りすると、所属の寺へ「師匠取り」の名で挨拶《あいさつ》に参詣《けい》させられた。いわば入門式である。門徒は個人単位での理解であるが、檀《だん》家となると家単位で、かつ経済的負担のことが表立つ。寺院の側では「法施」であり、檀信徒側では「財施」なのであるが、布施《ふせ》ということでは両者に共通である。「施」の原語はダーナ（檀那）であるが、財物の方が主に考えられ、僧侶《りょ》に布施する在家の主人だけがもっぱら檀那（旦那）と称せられた。なお施にはいま一つ「無畏施《むいせ》」というのがあり、それは施無畏心で、安心感を他に得させることで日常挨拶の由来もそこにある。

さて「門徒物知らず」ということばがあるが、そういう時は「門徒宗」の意味で、真宗の俗称である。同宗徒が、ややもすると弥陀一仏を一心一向に頼んで他をかえりみないようなのでこれを誤解している。けれども、むしろそれを警告と承知して一層に広く深く仏道を学ぶのである。真宗で檀家から所属寺院を手次《てつぎ》と称するのは、それらの寺院が本山と檀家との中間に介在し、一方では本山からの信仰消息を伝え、他方檀家側からの質疑を本山へ取りついだからであった。

葬礼（そうれい）

死者をほうむる儀式のこと、ふつう葬式という。葬式の前段階は通夜であるが、いまではその通夜までが準葬式の形になった。さらに昨今は、葬式と告別式までが、一体のものとして行なわれるようになったが、これも本来は区別すべきものである。

むかしから、冠婚葬祭が人生における四つの区切りだった。冠を成人式に、婚を結婚式に当てて理解するのは容易であるが、第三の葬と第四の祭については、いずれも宗教上の意味がふかいので、宗教的観念の後退した現代社会にはその本義が見失われがちである。

家族に死人が出る。遺族がこれを秘して悲しみのなかからも、死者の生命復活を祈って夜明かしをするのは人情の理である。それがお通夜。一夜明けて、もはやこの世にかえらぬひとと、知りあきらめたとき、あらためて、その死を世間に報じ身を清め心を改めて、死者への礼をつくそうとする。それが葬礼である。臨終の消息を知り、かげながら遺族の悲痛と労苦を察し、これを外から見守った知合いは、これと交替して葬儀の用意作業を引受けする。通夜までは閉鎖的なものが、この段階で公開的となる。告別式のごときは、生ける者同士のあいだでも、離転任に際してなど行なわれることである。それだから、死者とのそれは葬式に入る前になされおくべき理である。現今の主として葬式の前夜に行なわれる「通夜」には、実質的に告別式の意味が多い。

荼毘（だび）

火葬にすることを「荼毘に付す」という。もとサンスクリット（梵語《ぼんご》）で「クシャパヤティ」と言ったのをその方言であるパーリ語で「ジハーペーティ」となまった。それに「荼毘」の字を当てたのである。もとの「クシャ…」に「焼きつくす」という意味があり、焼身自殺なども一種の荼毘である。みずから火をかぶるのであるから。

人間のからだは、地・水・火・風の四大（大は要素）で出来ている。それで土葬・水葬・火葬・風葬の四方式がある。土葬は中国で多いが、インドは火葬が主であった。日本に火葬が始まったのも仏教の影響で、奈良時代が最初である。火葬にしても遺骨はのこる。それで納骨ということがある。ついでにいうが、葬式と告別式は別である。告別式は対人関係の延長にすぎないが、葬式は宗教の領域である。したがって導師本位の行事である。お焼香ひとつも導師に会釈してすべきである。死者は、この儀式行事を通じて成仏する意味をもつ。

死者を「ホトケ」というが、死んで初めてホトケになるのではない。生前からホトケであったものが、見失われていた仏性を回復し、真に成仏せしめられるのが葬式の意義で、荼毘に付するのは最高の浄《きよ》めである。平生から念仏の道にいそしんでいたひとの死相の、ことさらにうるわしいゆえんでもあろう。

中陰（ちゅういん）

「中陰」また「中有《ちゅうう》」ともいう。仏教の俗説では、生きもののありようを①生有《しょうう》、②本有《ほんぬ》、③死有《しう》、および④中有の四とする。この世に生まれる（生有）、生まれてから死ぬまで（本有）、死のせつな（死有）と、死んでから形をかえて、つぎの世に生まれでるまで（中有）とである。本有はまた「生涯《しょうがい》」とも一生涯ともいう。

死者は、死後一週間から最長七週間のうちに、どこへ生まれるかが決まる。それで七日目ごとに仏事を営み、七七日かさねた「四十九日」目を最後とする。これを「満中陰」とも、たんに「中陰」とも称するのである。インドでは、七が満数（中国では九が満数）であるから、四十九には永遠といういみがある。中陰のあとにも「百ヶ日」の仏事があるが、これは本来、神道系のものであろう。十日祭というものがあり、親の五十年忌には、おさかなまでが出る。

さて、つぎの生といっても成仏《じょうぶつ》いがいが考えられない。亡霊の成仏のため、遺族が追善《ついぜん》の供養《くよう》にはげむことは、たんに死者のためばかりか、家をととのえ、世をも安らげていく大方便ではなかろうか。

むかし四十九日のあいだ、さかなもたべず、これを「精進《しょうじん》」と言ったが、いま、そのまま守れぬにしても、その心だけは忘れずに大切にしていきたい。

彼岸会（ひがんえ）

俗にお彼岸という。暦の上では春分、秋分の日（彼岸の中日）をはさんで前後一週間、仏寺で行なわれる法要のこと。最初の日を「入り」、終日を「あけ」というのも、その行事の正しさを知らせる。立春から大寒まで、中国では一年を二十四節気に分けた。その四番が春分で、十六番が秋分。すべて太陽の地球へのかかわり方を手本にした理解であるが、その底には宗教的なめぐみとして受けとめられるものがおのずとあった。

一方、インドのガンジス河は古来、ヒンズー教徒が最も神聖視する所であった。仏典には恒河《ごうが》とあり、恒河沙《しゃ》とは無限数のたとえである。現地を旅行すると想像できるが、昔、川の向こうへ渡ることがインド人の素朴な向上意識でなかったかと思われる。向こう岸、彼岸を梵語《ぼんご》でパーラという。仏教語の波羅蜜《はらみつ》はそれから出て到彼岸と訳される。すでに此岸《しがん》が生死の境界、中流は業煩悩でそれを渡りきり、ねはんの彼岸に至りつくという考え方のもとに、仏の道を会得したのである。六波羅蜜とは、檀波羅蜜といって「施し」をすることをはじめ、六種の菩薩行である。二は持戒、三は忍辱《にんにく》(こらえる)、四は精進(心身をはげます)、五は禅定、六は智慧《ちえ》であるが、第六の般若波羅蜜を開いて、さらに方便、願、力、智の四つとしたとき、全体を十波羅蜜ともいう。観経には彼岸である阿弥陀仏を観念するのに、太陽を拝むこと（日想観）を教えている。インド、中国以来の自然や人生の見方を、日本では平安初期ごろから彼岸会の仏事にしてきたもののようである。寺参り、墓参もよく、季節の変わり目にあわせて家の内外を整えるとともに、各自の人生をいよいよ喜び、励みの限りに働かせる基いを家族ぐるみで語り合ってもよいだろう。

迷いのこの岸から、河向こうの彼の岸―さとりの世界にわたりつく。仏教も、インドではガンジス河を中心に広まったので、仏典にも、この河のことが、しばしば出るとのべたが、それは海のように広くゆたかな河である。

さとりに向かうさきの菩薩の道は、一、布施（物を手ばなす）、二、持戒（身もちが正しい）、三、忍辱《にんにく》（こらえる）、四、精進（はげむ）、五、禅定（すわる）、六、智慧（本当に心がはたらく）の六段で開けた。最後の智慧は、プラジュニャー（般若）であるから、般若波羅蜜が仏道の中心にも代表的なものにもなった。智慧とは自己をみがく、真実の自分になることであるが、それはすべて社会活動への用意にほかならない。その活動を慈悲と総称する。仏の慈悲は、太陽の光にもたとえられるが、そのめぐみは、人間をさとらせることにきわまる。さとりとは智慧がわが身にみのりきったこと。

春秋二季に夜と昼の長さがひとしい日がある。春分、秋分といい、それに仏教での彼岸に到達する考えが合わされ、その季日を中日として前後一週間、寺々で彼岸会《え》が営まれる。長い冬ごもりのあとゆえ、北陸などでは、ことに春のお彼岸がたのしいそのころ、学童を学校へ新入させる家庭では、とりわけ明るいであろう。

盆踊（ぼんおどり）

正確には「盂蘭盆《うらぼん》」の踊りということ。盂蘭盆は、ullambana（ウランバナ）という梵語《ぼんご》（サンスクリット）の音写。「倒懸」と訳する。盂蘭盆経には、釈尊の弟子目連が自らの得た神通力で見ると、その母が餓鬼道《がきどう》におちて苦しんでいられる。これを救おうと、仏にその方法を聞くと、九十日の安居《あんご》（夏季講習）の終わった次の日、七月十五日は衆僧が自由であるから、それを招いて過去七世の父母のための供養行事を行なえと教えられた。ただに、わが母ばかりではない。また目連さんほどの尊いひとの母の話であるだけに痛々しい。けれどもこれは生みの親への子としての切実な感恩の思いを表わすものにほかなるまい。果たして母君がめでたく成仏されたので、これにあやかり、中国では梁《りょう》の大同四年（五三八）同泰寺で、日本では斉明天皇の三年（六六三）に、それぞれ初めて盂蘭盆会勤行《えごんぎょう》があった。

そのことが先祖の墓参りと一つになって、この日に死者の霊を供養し、霊祭《たままつり》や精霊会《しょうりょうえ》として、冥《めい》福を祈ることになった。夏場、野外にあって、ことに寺院境内で死者の霊を慰める思いがつのって、輪を作って踊りあかしたのが、盆踊りの起源。もと餓鬼道は貪欲とて、飲み食いをはじめ、不平不満の者のおちていく世界。母はわが子のためにこそ餓鬼にもなったのであろう。わが身の今日ある由来を考え、一心にその恩に報いようとするはお盆の日だけではあるまい。

縁日（えんにち）

因縁日の略という。神仏に因縁をもった有縁《うえん》の日、または結縁《けちえん》の日の意味。市中に「四万六千日」と黒字で大書した張り紙の出ているのを見る。これは七月十日の観音の縁日に、その日一日参詣《けい》しただけで、四万六千日つづけてお参りしたのと同じ功徳利益《りやく》があるという信仰による。しかし、観世音（観自在）としては、比丘《びく》妙観の死の日にちなみ、十八日を縁日とするのが一般。このほか薬師は八と十二、不動尊は二十八日の各日。水天宮は毎月五日、金刀比羅《コトヒラ》（琴平）は十日、天満宮は二十五日。さらに、日蓮上人の十三日、弘法大師の二十一日等がある。

東京は、明治以前から縁日の多い土地で、おおむね当日に仏事参詣等をするが、関西では逮夜《たいや》といって、前日から営み（勤行《ごんぎょう》）をする。家々には物故した人につける命日があり、仏事が営まれる。「去る者は日々にうとし」と言われるが、それだけに追憶の念を絶えず新たにして、故人となった人の冥福《めいふく》を祈るべきであろう。

「日々《にちにち》これ好日」とて、どの日にも甲乙がないわけであるが、それだけにきょう一日を善《よ》い日に選びとろうとする気持のなかに、正しさと確かさとがある。ただ縁日は、聞き知らされた日がらに乗せて、われわれの邪気をはらわせようとする方便である。方便なしには真実に至りつけぬ人間として、神仏のことさらなお現われを尊まずにはおれない。

除夜（じょや）

除夜、おおみそか、つまり十二月三十一日の夜のこと。もと中国で節分や冬至の前夜をさしたが、いつごろから旧歳《ことし》を除きさって新年を迎える意味に固定した。除夜の鐘《かね》はその夜半（正十二時）を期して寺々で撞《つ》かれる百八回の鐘で、百八は煩悩の数である。煩悩はクレーシャ（梵語）の訳語で、身心を悩まして静かにさせない精神の根にある病源で、これを貪《とん》（ほしい）、瞋《しん》（ねたましい）、痴《ち》（どうでもよい）の三を始め、慢（おごり）、疑（うたがい）、見（かたより）など細かにみていき総じて百八にまでかぞえる。鐘の方は百七を年内に、残りを新年になって撞く。

昔は除夜に早く寝ると白髪《しらが》になり、顔にしわがよると子どもをおどかしたが、身も心も整えて新しい年にのぞませる意味からであったろう。つづいて元日には諸方に初詣でするが、除夜の実義が民衆の生活から長く失われないでほしい。

煩悩即菩提《そくぼだい》というのは、決して煩悩に甘えてよいということではなかったはずである。一つでもよい人間としてわずらわしい心を落とし、清まった日暮らしに進みたいものである。

中国では除夜を除夕《じょせき》ともいった。また「除夜、犬吠えざれば、新年、疫癘無し」（年越しに犬が吠えなければ、来年は流行病が無い）という諺があるが、そういう民間信仰に仏教の乗ったのが除夜の鐘なのであろう。

説　教（せっきょう）

教法《きょうぼう》や経義を解説して、ひとを教化すること。教化は仏教用語で「きょうけ」と呼んで、これまた宗教上の感化を広く他人に及ぼすことである。それにはまず、教化者自身が修養を積まねばならない。そういうことを自行外《じぎょうげ》化《け》と称する。また、自信・教人信とも言って、信仰上の仲間をふやすことである。

説教と同じ発音であるが「説経」という語もある。経典を講説するという意味で、唱導とも言い、その道のひとを唱導師と称した。単に導師と略称する方面で、法会《ほうえ》（法事）や葬式に首座をつとめる僧侶のことを指すようにもなった。

説経はときに説経節《ぶし》の略称としても使われる。文字どおり節付けにより経典の趣意を語ったのが始まりであるが、もとはインド以来の声明《しょうみょう》（仏教音楽）にある。声明は梵唄《ぼんばい》とも伽陀《かだ》ともなり、仏教儀式には欠かせない。和讃《わさん》・講式あるいは平曲（平家物語を曲節付けで琵琶《びわ》の伴奏で語る）が説経に取り入れられ、民衆は楽しみながら強い印象で仏教説話を受けとめることができた。近世の初めから浄瑠璃《じょうるり》などの形になったものも、そのもとは説経である。

いまは説教と説経とが用語上、混同して使われているが、説教の方がその意味は広い。説教を専門にし各地を巡回する僧職を説教者《じゃ》と称する。一人前の説教者になるためには、初め随行《ずいこう》といって卓越した先輩に付随して修行することがいる。説教者の要件には、声・弁・才・博とて、音声、弁説、才覚、博義の四つが不可欠とされた。随行も前座《まえざ》といって師匠（和上）の前席をつとめるべく高座にあがった。

現代はテレビやラジオに「宗教の時間」があって、わざわざ寺院や教会に出かける必要もなくなったが、それではやはり人格的影響はうすい。同じ仏教中でも、浄土真宗はことに説教を重んずる宗旨である。これを「説教ぐらい」に考えては決してならないのである。奥能登に残った節《ふし》談《だん》説教のごときは、今では貴重な無形文化財である。大衆は説教を尊んで「お説教」という。用語ずれして、家庭でも親の説教などと俗な言い方をするが、説教も原点にもどれば、成道当初の釈尊が、苦行林での五人の旧友を対象に中道を説いたのが起こり。親の教え、教師のことばを大切にする教育が、いつも一番大事なのではなかろうか。

説教は法話ともいい形式を主にしたことば。それに対し、説法《せっぽう》は内容的で、『正法念処経《しょうぼうねんじょきょう》』には、「いわゆる説法とは、一切布施の法を説き、諸善法を説くなり」と説明している。もと道家で其の道の話をするのを「説法」と称したのにならったもの。同様、さきの説経も「せっけい」と発音して、もと経書の講究のことであった。そうした中国文教の古風にのせられつつ仏教の民衆化のあった跡をさぐることは、やがて日本における特に大乗仏教の高尚な思想内容が庶民の生活におとされていった経過の由来と意味を知るうえにおいて、重要な事項の一つと考えてよい。

巡　礼（じゅんれい）

順礼とも書く。信仰によって聖地や霊場を巡拝すること。またそのひとをいう。キリスト教徒にはパレスチナ巡礼、回教徒にはメッカ巡礼があるが、仏教徒は「仏跡巡拝」といってお釈迦さまのご生涯で一番大切であった四か所、すなわち生誕地（ルンビニー）、成道の地（ブッダガヤ）、初転法輪（最初の説法）の地（ベナレスのサルナート）、入滅（おねはん）の地（クシナガラ）をめぐる。筆者は昭和三十六年十二月にお参りをした。

巡礼の風俗には、インドから中国を経てわが国にも伝わり、西国巡礼（三十三ヵ所の観音霊場の巡拝）や弘法大師信者の四国八十八ヵ所めぐりの類になった。加賀那谷寺のごときは、そこ一ヶ寺へ参詣《けい》するだけで、一番の那智山（熊野）から三十三番の谷汲山（美濃）にまで順拝したと同じ利益《りやく》が得られるとする。もと金沢卯辰山にも一揃《そろ》いの三十三観音が立っていた。

巡礼の服装は、もと笈摺《おいずる》を背にし、管笠《すげがさ》をかぶり、脚絆甲掛《きゃはんこうかけ》をつけ、草鞋《わらじ》をはいたが、今は軽装である。手に杖《つえ》をもち鈴《りん》を鳴らし、仲間同士、ご詠歌をうたった。ご詠歌は仏菩薩のお徳を賛嘆するもので、現代の学校校歌の起源に共通するものがある。児童生徒の成業を祈ったのが日本の学校教育のはじまりであったからである。中国では文殊の五台山、普賢の峨眉山・観音の補陀落山の三霊山の巡礼が代表的で、他に龍門、天台山等へも行くことが多かった。

仏　壇（ぶつだん）

「壇」は、土を盛りあげて築いた高いだんのこと。祭壇というときは、そこへまつられる、ひとの位牌《いはい》を置く場所のことになる。がんらい会見や対論のとき、双方が立つ土壇《どだん》のことであったが、土壇は別に、斬《ざん》罪を執行するために築く壇にもなった。そのことから「土壇場《どたんば》」は刑場を意味し、しおきばに身をおく意味から、やがて、せっぱつまった時のことをいうのに義を転じた。

仏壇は、文字どおり仏さまの安置される台座のことで、インド仏教いらい「須弥壇《しゅみだん》」と称したものの説明は、すでに終わった（「地獄」参照）。須弥壇は、がんらい宇宙論的な広大さをもった仏座を、寺院のせまい内陣の仏像台においた時の形であるから、大小さまざまである。日本では天武天皇十四年（六八六）というから、いまから千三百年もまえの時代に、家（庄屋）ごとに仏壇がおけるようになった。大陸文化の結集の形が当時としての仏壇であった。それが今日の大小のお厨子《ずし》（お内仏）への由来である。

仏像を安置した厨子は、仏龕《ぶつがん》とも言い、全山が石である山肌《はだ》をくりぬいて造った石窟《くつ》寺院では、単に置物や建物ではなしに、石壁そのものにくり抜いた仏像安置の場所をまさに仏龕といった。いまでもそういう形式で地蔵さんやお不動さんをまつった場所が日本にもある。仏壇のある家は明るく落ち着いていている。いたずらに金箔《ぱく》でちりばめた高価な仏壇を飾る時代はすぎたが、朝に夕に礼拝する静かで清らかな場所があるとないとでは、家族の心の成長にもちがいが生じよう。

とかく、ぶつだんの「だん」は壇なりや、檀なりやという尋ねがあるが、「壇」は「まゆみ」という喬木《きょう》のことで、材質が強くて弓の材にする。檀那（旦那。ダーナとは施主のこと）というときは、この字であるが、仏壇のときは壇が正しい。しかし、現在の仏壇は木造であるのと、檀那の家を意味する「檀家」という用法もあり、一般には「仏檀」とも書く。書いて間違いではないが、語の正体をわきまえるなかに、仏壇の真義を知ることがあるから、ハッキリさせておく必要がある。仏壇内の本尊は、われわれに目ざめを与える方便に立たすのであるから、ものの大小によらず、これを拝んで日々のくらしを清めたい。

もと仏壇には、その材に依りて石壇、土壇、木壇等の別があり、またその形に依りて方壇、八角壇、八角壇、円壇等の称があった。インドではアジャンタ、バーグ等の諸石窟には、みな高い石壇上に仏像を奉安している。中亜ミーランの廃寺には大壇上に七仏薬師坐像を列置し、敦煌千仏洞第一四二龕には、凹字形の石壇上に同じく七仏薬師坐像を安置する。日本での仏壇も、薬師寺等に築造された石壇の制が基調となったものといわれる。ただ中世以後、仏堂内を板張とするに随い、仏壇もまた木造となって、その形式も初めは石壇に模したが、のち須弥壇《しゅみだん》の制が多く行われて現在に至った。天武紀（天皇十四年三月）に、「詔して諸国毎家に、仏舎を作り、乃ち仏像及び経を置き、以て礼拝供養せしむ」とあるのは、在家仏壇安置の制とそれによる家のととのいのあったことの極めて古い証拠として重んぜねばならない。

珠数（じゅず）

念珠《ねんじゅ》ともいう。大小の珠《たま》をかず多くつないで輪としたもの。仏菩薩の礼拝用に手にかけてつかう。あるいはこれを揉《も》んだり、時には念仏や念誦《じゅ》の遍数をかぞえるのに利用する。さらに僧衣をまとった時の装束《しょうぞく》の正装用ともする。キリスト教等にもローザリというものがあって、おなじ宗教的意味をもっている。（但しローザリではその珠をビードという）

さて仏教には方便《ほうべん》がつねに真実に通ずる意味をもつものなので、数珠玉も、その数が百八であるのは、百八の煩悩を退治することを表わすものとする。玉は顆《くわ》というが、百八顆の半数は五十四で、これは菩薩の五十四位（四善根、十信、十住、十行、十廻向、十地）と見る。最初の四善根の四位は、煖《なん》、頂、忍、世第一の四法で、これは無漏《むろ》（さとり）の聖位にいたるまでの加行《けぎょう》（予備の修行）である。さらに五十四を折半して二十七にしたばあい、これを二十七賢聖《けんじょう》に見立てる。二十七賢聖とは有学《うがく》（阿羅漢《あらかん》にいたるまでの修行）についての十八と、無学（阿羅漢のさとり）の九とを合せたもの。そうした理解のすべてについては『木槵子経《もくげんじきょう》』にくわしい。木槵子はそのまま和名になっている植物で、高さ二〇メートルに余る落葉亜喬木で、初夏に黄色の小花を開き、その実は珠状の種子を出し、それが黒くて堅く、数珠の玉に最適として利用された。いわゆる「もくろじ」とはちがうが、もくろじも数珠玉にはする。

禅（ぜん）

禅宗の禅。禅は鎌倉時代に栄西禅師（臨済宗）や道元禅師（曹洞宗）によって中国から日本に伝えられた宗旨。もともと中国へインドから禅を伝えたのは釈尊からは二十八代目に当たった達磨《ダルマ》大師といわれる。それだから禅の起源がインドにあることをハッキリ承知せねばならぬ。禅の原語は「ジャーナ」（禅那）で中国語に訳して「定《じょう》」と言い、それで「禅定」の語もできた。禅のもとは、「ヨーガ」である。ヨーガは仏教以前からあった宗教的実修で、身体と精神の両面で人間の究極態をきわめようとする。いわば人間が神に成る方法である。

禅はしかしその方法を人間の道徳的目的に合致させた。禅を背景にして広く文化活動が展開するゆえんである。禅は念仏と並んで仏教の代表的な道であるが、自力という強みと同時に超越という狭さをもとりかねない。条件ずくめの一面が時に大衆には美の形態でうつるが、禅の生命はやはり精神美であろう。そしてその点では浄土教の荘厳と一致する。ただ禅は中国で特別な展開をなしとげ、さらにわが国で生活と道徳の基本になされたが、いまは海外での研究もはば広い。

日本人にいわゆる生活上の行儀と作法とを与えたのは、いうまでもなく中国でその実践形態を正しくかためた禅宗である。精神文化の展開原理としても聖徳太子の仏教にすでに禅の意義があってその起源は古い。禅茶一味とか剣禅一致の語が広く行なわれるのはその理由からである。

清規（しんぎ）

清浄な規則という意味。禅寺で、雲水《うんすい》(修行僧)たちが、ふだんにとり守るべき生活規律のこと。いまなら、さしずめ生徒心得、学生心得であろう。インドの僧院でヴィナヤ(律)と称したものを、中国では「清規」の名に改めた。内容も中国の風土に合ったものになり、ことに『百丈清規』が有名。百丈和尚は「一日不作、一日不食」(一日なさざれば、一日くらわず。働かない日は食べない)の人生信念で雲水に対してはきびしかった。『永平清規』は道元禅師が制定したもの。

南都六宗中の律宗は、インド伝来のものが風土のちがいで形式化していたので、伝教大師は精神主義の大乗戒に改めた。戒（シーラ）は律とちがい積極的な実践道。律は取り締まり規則にすぎない。仏教全体は戒と定《じょう》（坐禅）と慧《え》（学問）の三つ（これを三学という）でおおわれる。

現代の教育には、偏した慧学と体育にとりこまれた定学があるばかりで、戒学の方はほとんど反省されていない。律ともなれば消極的なようであるが、要するに人間として、必ずしてはならないことを、しないことであるから、まずは、わが身を健康に保ち、他人には迷惑をかけず、応分に働いて静かに死んでいける道。これに従うにまさる生き甲斐《がい》としあわせが、はたしてあるであろうか。阿弥陀経には臨終にひと声、ナムアミダブツと称《とな》えるだけで、極楽往生ができると説いてある。それを疑うこともほどほどにしたい。一生は過ぎやすいのである。

精進（しょうじん）

正月の御節《おせち》料理は数の子などこそ添えるが、精進料理であるのが本体。それは野菜の類が主で、インドを旅行すると菜食と肉食とで食堂までが別なように、身を浄め心を慎むためには食生活の加減がいるからである。精進日《しょうじんび》というのがあって、特定の日または一定期間、魚類を一切とらない風習が仏事として久しく保たれてきたが、今は薄らいだ。

精進の語は菩薩の修行に六段（これを六波羅蜜《ろっぱらみつ》という）あるうちの第四に当たるもので、ヴィールヤというその原語には、不屈の精進で全力を尽くすという意味がある。勤勉、努力ということ。世界的哲学者西田幾《き》多郎は母校の石川県宇ノ気小学校のため、「誠実勤勉」の揮毫《きごう》字をなした。西田の家筋は旧十村《とむら》で毎日誠実に働くことが家憲であり、博士としての人生もその家風の中に開けた。世が変わり、親先祖の命日まで忘れがちであるが、精進日の遺風には先人の遺徳をしのばせ、これに報いるための道徳、ただしい日暮らしを得させる工夫がこめられている。なお考えると、特定の日ごと特定数のひとが魚類をとらないことの積もるなかに、多数のさかなの命をたすける趣意にもなっていたろう。それにしても精進潔斎《けっさい》などとも称し、古人は身もちの正しいことが、事にあたる第一の心がけであるとしたのが思い返される。まずは家族ぐるみ、一日一日を最もよい日とすべく真剣に精進の道にはげみたいものである。

遊　行　（ゆぎょう）

釈尊最後の旅からお涅槃《ねはん》までを記した経典を『遊行経』という。遊行の原語はヴィハーラで精舎(てら)の意味。寺は中国や日本では固定化し壮大にすらなったが、インドでは修行僧が雨露をしのぐだけのレストハウス。一所不住とて回国教化に巡行するのが仏教徒のねがい。むかし時宗の遊行上人は殿様禄《ろく》高一万石につき一日の滞在費が出たから加賀には百万石の故に百日間おれた。時宗本山は藤沢の清浄光寺でこそあれ、巡行に出る時は袈裟《けさ》、衣、足袋の類、いずれもが初めからネズミ色であったのは、長期の旅に墨染めの色があせるにかたどった。西行も芭蕉も遊行に生涯を果てた。いまの青年も出歩くことがすきで結構だが、成仏という宗教理想をもたなくては残念。釈尊はかつて教化に一番難儀されたベーサーリーの地を去られる時、その地の住民は最良の人々であったとほめられた。教育と宗教の原形はこうした人間信頼とうとまぬ教化活動にある。

遊行はまた行脚《あんぎゃ》ともいい、行脚僧のことを雲水と称する。その雲水は、行雲・流水のようにゆくえの定まらぬことから、転じて、所定めず、遊歴することから出た名称である。雲衲《のう》、頭陀《ずだ》という言い方もある。遊行聖《ひじり》というのは、諸国を行脚して説法教化につとめた僧の敬称。また遊行上人の略称としても遊行の語を用いたが、遊行宗といえば、時宗の異称で、同宗は一遍上人によって開かれた。浄土の三部経中でも、阿弥陀経を重んずる所にその特色がある。

寒行（かんぎょう）

寒修行《かんしゅぎょう》の略。一年中で、いちばんに寒い冬季においてする修行。この修行は、インドで「チャルヤー」と称し、その意味が広い。なかでも苦行《くぎょう》は、宗教的なものとして現在でも重んぜられている。釈尊も出家後、数年は苦行林にあって断食をしたり、不眠の行をこころみたりされたが、結局やせおとろえ、これは「無意味なり」と自覚して捨てられた。しかし釈尊は、苦行のうちにある人間の利我だけのため極端に走ろうとする心を否認されただけで、苦行の体験そのものは別な形で大きく生かされた。仏教で中道をいうのは、決してたんに温和であれということではない。中道は正道であり、体験と自覚が根本になる。寒行は寒の三十日間、日毎夜毎、寒気をしのび、難にたえて、誦経《ずきょう》、唱題、念仏などの仏事にはげむもの。雲水《うんすい》の托鉢《たくはつ》行も、降雪の寒中に、より尊く見かけられる。学童の寒稽古《げいこ》も寺僧の修行にならおうとしたのが初まりであろう。

さて寒行の本旨は、仏教における「代受苦」の信念に発したものである。代受苦とは、衆生《しゅじょう》（人間）にかわって仏・菩薩がすすんで苦悩を受けられること。それが大悲《だいひ》と言われるもので、人間自覚の最高のすがたである。大悲の心あれば、大小の苦難はものともせず、ひとえに衆生のため、人の子のためと、はたらきだすものがある。行《ぎょう》は、あながち寒にかぎったものではないが、ことさら厳寒の季をえらんで修行にはげむのは、とくに反省と自覚のためと知れる。

頭陀行（ずだぎょう）

「頭陀《ずだ》」の行法。行法《ぎょうぼう》とは行ない、しかた、きまりである。頭陀は「揺り棄てる」（ふりすてる）という意味の動詞「ドフー」から生まれた「ドフータ」（頭陀、また抖擻《とそう》）が原語。世間の誘惑やさまたげをふり切り、仏道修行に専念することをさす。これに①どこで修行するか、②何をたべ、③何を着て修行するかなどの細かい規定が、すべて十二項あるので、十二頭陀行ともいう。

インドでは森が学習の場所であり、修行者は乞食（托鉢）によって食べ、さらに大中小の三衣《さんね》だけを衣類とする。仏弟子の中では大迦葉（マカカショウ）が頭陀行第一で、しかもこの人が仏滅のときの葬儀委員長であった。舎利弗と目連は、釈尊ご在世中に死んでいたからである。釈尊滅後における仏教教団の維持と発展は、ひとえに大迦葉の功績である。仏弟子たちは食を節し、弊衣に甘んじ、露地に坐して横臥《が》することもせず、修行にはげんだ。時には墓場に寝おきしてまで無常観の体得につとめた。法華経にも、「常に頭陀の事を行ず」とでている。

けれども、そういう難行は一般人に求められたのではない。大乗になると、そういう苦行者は、われわれに代わって救いの道につくされる菩薩《ぼさつ》が当たり、これを信じあがめてこそ、われらも助かると言うことになった。戦後の金沢で、俳聖芭蕉が着用した頭陀袋が見つかった。俳句の世界に継承された頭陀行のあったことを思うと、その精神に興味ぶかいものがある。

臘八（ろうはち）

十二月のことを臘月《ろうげつ》といった。陰暦十二月の異称である。それでその月の八日、つまり釈迦が成道された十二月八日をさして「臘八」という。その日にとりわけ禅宗寺院で行なわれる法会を臘八会《え》とも臘上堂とも称し、釈尊のおさとりを祝うのである。また臘八接心とて十二月一日から八日成道の当朝まで、連日昼夜、横にもならず熱心に参禅する行事がある。臘はもと中国で冬至の後、第三の戌の日に行なった祭りのことで、先祖や百神をまつった。したがってそういう習俗が仏教行事の一つとなったところに学問上にも大きな関心と興味がある。

釈尊は地上に大安慰をもたらした人である。人間同士に慰め合いとはげまし合いとがあってこそ真にこの世は清まろう。小雪を見つつ迎える臘八の朝には、つねに新たな生活の光がある。

釈迦牟尼仏は、苦行林で共同であった憍陳如《きょうじんにょ》等の五人も鹿野園に離れ去ったあと、独り自ら進んで菩提樹下に至り、金剛座上に吉祥草を敷き、等正覚を成じない限り、此の座を起つまいと決意し、数日を経て遂に廓然として大悟、あたかも暁天の明星にさとしを得て、仏陀成道の自覚を体得した。これを妨げんと現れた魔王波旬とその眷属軍衆もいかんともしがたかった。仏は「わが生已に尽き、梵行已に立ち、所作已に弁じ、更に有を受けじ」との知見を生じられたという。臘八には雲水たちは雑穀衆味の紅糟《くんそう》（臘八粥《かゆ》）をすすりながら釈尊のその時をしのぶ。

修二会（しゅにえ）

修二月会の略。奈良東大寺の二月堂で、本尊の観音をまつる法要。厳密には二月二十日から同月いっぱい、十一人の選ばれた僧がおこもりをする準備期から三月に入り二七の十四日間にわたる本行《ほんぎょう》まで前後ひと月近い仏事。中でも三月十二日の「お水取り」が有名。

お水取りというは、二月堂前の広場に閼伽井屋《あかいや》という井戸があるが、その水が三月二日に若狭《わかさ》（福井県）の小浜辺から送られたもので、法要に香水として仏前にそなえる。東大寺を開いた良《ろう》弁《べん》は、もと朝鮮（韓国）から仏教をたずさえて渡ったひととも考えられる。二月堂の本尊はおそらくその形見で、日本の守り神ともなり、これに供えた香水を飲むと、災いを除くと信じられた。

さきの本行中、一日六回（日中・日没・初夜・半夜・後夜・晨朝《じんちょう》、これを六時という）にわたり、悔過《けか》と祈願と呪禁《しゅごん》の三作法《さほう》を、ねんごろに行なう。その意味を考えると、すべて悪をはらい、生産や文化を進めることが目的であったようである。三メートル近い青竹の先に松明《たいまつ》の火がつけられ、それが夜空をこがして、ふり回されるのが、お水取りの絶頂である。

それにしても水と火の力の結合の上になりたっている人間の全生活に、ふかい宗教的反省による道徳的自覚を与えるのが、修二会の由来で、長い冬ごもりから野山に大活動の春への身心の用意が、これによって十分なされてきたことがわかる。お水取りは、大きく季節の区切りになった。

三大秘法（さんだいひほう）

略して三秘《さんぴ》とも言い、日蓮宗の要門である。しかし同宗に限らず、仏教の根本の理にかなえて立てた真理で、現代にもその実践的意味は広くして大きい。

第一は、本門の本尊。法華経如来寿量品《にょらいじゅりょうぼん》に説く、釈迦牟尼仏で、この如来は久遠実成《くおんじつじょう》と言って、久しくさきに仏になりたもうた。同じく法華経によりながら、中国の天台大師（智顗《ちぎ》）もわが伝教大師（最澄）も、ただ前半部分の迹門《しゃくもん》だけを広め、いまだ後半の本門の意を十分に尽くさなかった。これを初めて明らかにしたのが日蓮上人と日蓮宗では解する。迹門は、世間を仏法に向かわす方便の所、本門は仏国土の真実がこの世に対して公開された仏の慈悲と光明の世界である。そういうわれの本門の本尊は、上人が十界曼荼羅の中に図示された釈迦牟尼仏で、すなわち如来にほかならない。第二は本門の題目。妙法蓮華経という経題の上に、南無（帰依の意味）の二字をかぶせて、それが先の本尊に帰命する具体的方法であるとする。第三は本門の戒壇。右のように本門の本尊に帰依し、本門の題目を唱えると、無作《むさ》の円頓戒《えんどんかい》というものが完全に実現するとする。無作とは、作意なくして本有《ほんぬ》（もち前）にそなわる仏性（至上の人格性）が現われること。その根本は信仏の徳で、その徳力の実証されるところを、円頓（かたよりなく、また時のひまをかけない）の戒とも戒壇（戒の具備する式場）とも称する。戒壇に本当の世界形成の意味があろう。

三大秘法を解するに、順次（一）妙解（本尊は宇宙的真理、題目は円通の妙道、戒は仏徳頂戴）、（二）妙行（一身これ本仏、一心が妙法、わが所住が寂光土）、（三）類通（本尊が仏、題目が法、本門戒壇中にあり、末法時に弘通につとめる僧は僧宝）、（四）妙証（本尊秘宝は「煩悩のまま菩提」「生死のまま涅槃」の理をさとらせ、題目秘法は妙法を一心上に験得さす、また戒壇秘法は寂光浄土を修現さす）という説明にしたがう。

総じて日蓮上人は、わが身に真剣に法華経を行証し、末法の時に応じ、日本や世界の国土相応に実得し、かつ大慈説した一大聖人である。「鳥やけだものは鳴けど涙なし。日蓮は泣かねど涙かわくひまなし」とまで告白してお訴えの上人である。

思うに三大秘法は日蓮の五義（教、機、時、国、序）による法華経の反省から生じた宗教的実践への具体的な自覚で、すなわち信仰の拠点たる本門法華経の立場（教）は、先天的に仏教的素地のない人々（機）に、適応すべく（時）、日本（国）の歴史的要請（序）に応じたものとの反省と自覚から、自らも信じ、ひとをしても信じさせる教えが「南無妙法蓮華経」の実践としての三秘なのである。日蓮の宗教的自覚は、教・国・師の三体が一つの有機的関連にあるとの神秘的統一観に達し、きわめて具体性と社会性をもつものとなった。本門の本尊は、教のもつ人格性の具現として信行の対象たる久遠実成の釈迦牟尼仏である。その題目は、この仏の智慧と悲願の結晶としてわれらに与えられる信心である。さらに戒壇は、この両面が理想的に一致した信仰の純粋形態（大曼荼羅）なのである。

散華（さんげ）

花をまき散らす。暑熱の南方インド方面では花がむれるように咲き、それだけにまた早く散る。その花に託して人間のいのちをも理解するから、花弁を採ったのを糸でつづり、客人の首にかけて祝福する。いわゆるレイである。

維摩《ゆいま》経には天女が舎利弗《しゃりほつ》に向かい花を散じた話が出る。舎利弗は出家に花はふさわしくないと、身に着いた花弁をむしり採ろうとする。天女は、花をきたないとするあなたの心こそよごれているとする。これを京劇で「天女散花」と題し、梅蘭芳（メイランファン）が得意の演技であった。法華《ほけ》経は「妙法蓮華」、華厳《けごん》経は「蓮華荘厳《しょうごん》」で、仏典に出る花はみな蓮《はす》である。蓮は泥沼に咲きながら少しもよごれず、ひとのよごれも吸いとって清める。

仏事に散華というのは、この蓮の花弁を紙製の五色のものに作り、それを華筥《けこ》という金ざらにのせ、法要の絶頂に仏辺に坊さんが散ずるのである。もちろん音楽にあわせてである。

学徒出陣で国のため民族のため花と散った青年のことを思うと胸が痛むが、仏前に「お花」を立てるのも、「お香」をたくのもみな清めの意味をもっている。散らしてならぬわがいのちである。それを私利私欲のためによごしては生きがいもないことである。

無尽講（むじんこう）

単に「無尽」ともいい、俗に「頼母子講《たのもしこう》」と称するもの。「講」は講演の意味で、仏教講座の維持費を信者の積立金でまかなったことから、その名がでて、観音講、報恩講など数十種の講があり、その加入者を講中と呼ぶ。組合員である。もとインドで篤信の者（これを長者とも旦那《だんな》ともいった）が教団に財物を寄せると、寺院では、それを蓄えて建物の補修費にあてたと同時に、残りを民衆に貸して利益をとった。中国へきても無尽蔵院が建ち、庫質銭《くちせん》というのがとられた。無尽とか無尽蔵というのは本来、仏教の教理で、因縁の際限なく生かし合う意味のものであったのを、経済利殖（金融）の方向に発展させたのである。

日本では聖徳太子が、推古天皇に仏典を講じられたのが最初で、のち寺院は講経の場となり、いまの学校のはじまりである。それを維持し運営する諸経費は、公費とともに自主的な積み立てでまかなわねばならぬ。それで無尽講の形式によったものでは、組合員が希望するとき、くじ引きや入札で必要額を融通してもらえた。

そういう寺院中心の永年の習俗と基盤があったから、戦後には「農協」というものも着実に発達できたのである。無尽や頼母子は、ある意味では現在の銀行業の前身であったもの。仏教が、ながきにわたるその歴史のなかで、社会や文化発達のために尽くしてきた恩を忘れてはならない。

縁切り寺（えんきりでら）

鎌倉にある東慶寺《とうけいじ》のことで、巨刹《きょさつ》円覚寺とは道をはさんで反対側に立つ。七百年前、北条時宗の妻覚山尼《かくさんに》によって建てられたむしろ小さい寺である。が、いつのころからか、夫と離縁しようと欲する人妻は、ひとたびこの寺の山内に駆け込みさえすれば、夫婦別れの縁切りが社会的にも公認されることになった。それで縁切り寺とも駆け込み寺とも称したのである。

仏教ではその初め、婦人の地位を低く見るインドの習俗を反映して、出家して仏弟子になれるのは男性に限られていた。驚いたことに成道後のお釈迦さまに対し、婦人で最初の願い出をされたのは、継母マハーパジャーパティー（生母マーヤー夫人の妹）であった。しかし釈迦は、男女の近づき合いから生ずる混乱を案じて、すぐにはお許しにならなかった。阿難らの弟子がお頼みして、はじめて許可が出た。それで、男性の出家者（比丘《びく》）だけの時は、僧侶の守るべき戒律数は二百五十ばかりであったのに、女性出家者（比丘尼）のため新規に制定した戒律は、その倍近い数になった。しかも、そういう女性劣位の考え方は大乗時代まで続き、変成男子《へんじょうなんし》と称し、婦人も一度は男に生まれ変わらないと、仏になれないものとされた。その一方、法華経には龍女《りゅうにょ》成仏といって、シャカラ龍王の娘が八歳にして仏になったと説き、それを証拠に、男女平等の成仏道が本当のものということになった。維摩経でも天女がそれを舎利弗《しゃりほつ》に教えている。

このように時移り、国かわると、宗教上の人間観にもさまざまな推移がある。日本でも比叡や高野の山へは、女人禁制になっていた。高野の女人堂は、寺のある霊地を俗界と仕切る結界のすぐそばに建てられた女性参籠《さんろう》用のお堂である。有名な苅萱《かるかや》道心の子石童丸の哀話がある。ふもとの宿に母を残し、高野に登った石童丸が偶然、山道でさきに出家した父に会う。しかし、父はその人は没したと偽り、わが子と別れる。やむなく下山した石童丸が宿に着いてみると、母はすでに死んでいた。

縁切り寺には東慶寺のほか、群馬県の満徳寺などがある。松岡尼寺とも呼ばれた東慶寺は、寺格の高いことで重んぜられた。明治三十六年から僧寺となり、いまは井上禅定師が住職である。

厳しい法律習慣への抵抗と、時には文化の退廃に乗じて女性が解放を求めて婚家からの離脱を強く求めることはいつの時代にも、またどこの国にもあった。縁切り寺としては右のように相州松ケ岡の東慶寺、上州新田郡の満徳寺が双璧として著名であるが、もとは寺院全体にそうした社会救済の意味や理由があったことに注意しなくてはならない。ことに江戸時代の初期はどこの尼寺にも駈け込み、縁切りの特権をしいたげられた女性に対し与える一面の福祉性があった。すなわち一定期間、たとえば三年間ほど寺で勤めれば離婚の効果が生ぜしめられるというふうであったが、そのことはそのことなりに色々問題を生じたから、長く一般的とはなり得なかったのである。それよりも仏寺が仏教の教理的実証として因縁のことわりに即しつつそうした婦人保護とその解放の具体的実践につくしたことの意味が大である。

Ⅵ 名所

須弥山（しゅみせん）

須弥はインドの原語で「スメール」と言い「妙高」と訳する。新潟県妙高山《みようこうざん》は山名をそこから得ている。けれども、インドにスメールという名の山があったわけではない。仏さまを納めた厨《ず》子《し》を安置する台座のことを須弥壇と称する。その形はひな祭りのひしモチのように、朱と黒の配色で、中細りにして上下に重ねられたもの。つまり仏像のある位置が須弥山の頂上なわけ。

インド宇宙説では「三千大千世界」ということを説く。その単位になる小世界の中心の山が須弥山。およそ世界の根底は虚空で、これを空輪という。その上に風輪、水輪、地輪、金輪が順に乗り、地輪の上にそびえるのが須弥山。この山をめぐって七つの金山《こんせん》が外輪山として立ち、その山と山との間にはそれぞれ大海があって七海となる。七海は内海で、七金山の外側は外海と称する。この外海をとりまいて鉄囲山《てっちせん》がそびえ、総じて九山八海となる。外界の四方に四大州があり、そのうち南大州の閻浮提《えんぶだい》が、われわれ人間の住んでいる世界にほかならない。さて小世界が千で小千世界、小千世界が千で中千世界、中千世界がさらに千で三千大千世界となる。この大千世界が無数に集まって全宇宙を構成しているというから、一理あるすぐれた天動説でもあろう。

須弥山の頂上には三十三天が住み、中でも帝釈天《たいしゃくてん》がその代表である。この神は初め釈尊をも試したが後には仏教の守護神となった。釈提桓因《しゃくだいかんいん》というのがそれである。山の中腹に四天王がおり、日も月も須弥山を中心とし、四州を限界にして同じ軌道を回っている。

阿弥陀経の中に須弥相仏、大須弥仏、須弥光仏と出るし、維摩《ゆいま》経にも、須弥相世界の須弥灯王仏と出て、いずれも東方世界のこととされている。インドでは須弥山は最高の山、神話的に神秘このうえない所である。インドで、神とその居場所を同時に指したのが天である。須弥山頂が忉《とう》利《り》天で仏教を守る帝釈《たいしゃく》天がそこにいた。成道直後の釈尊は忉利天に登り、先からそこにおられた生母マーヤーに、わが「さとり」の報告をなされる。この娑婆《しゃば》から上ること八万由旬もあるという忉利天までの往復の道を「三道の宝階」という。三道は三重、三輪とも言うが、煩悩と業と苦のこと。諸天がこの宝階(宝のかけ橋)を上下して、娑婆世界に行き来する。天からこの地上を見下ろせば、三重の汚れにうつる。だからこそ山頂からの神仏の下り道として宝階の意味がある。インドの須弥山説はこうして仏教内部のものとなった。しかもそれは東方所属に方位づけされ、西方阿弥陀仏の極楽浄土に対顕させる意味があったろう。仏教には東に知恵（文殊)、西に慈悲（観音）を物語らせようとするところがあるようである。その東と西とが相呼応するのが救いの実相なのであろう。釈尊は行けと推し、弥陀は来いと招かれた(善導の二河白道)。

インドの須弥山は中国の泰山、日本の富士山にたとえて理解されてもよい。しかし、須弥山は実在の山岳でなかったのと同時に、どのように高い山も、その中に含まれるほど高い山にされ、それがそのまま芥子粒の中にも納まりうるものとする。その理法が仏教の不可思議解脱で、その具体的体得が禅宗をはじめとする実践道にほかならない。

祇園精舎（ぎおんしょうじゃ）

くわしくは「祇樹給孤独園精舎《ぎじゅぎっこどくおんしょうじゃ》」、「祇樹」は祇陀《ぎだ》林ともいい、ジェータ太子所有の大果樹林のことである。太子は釈尊の当時、東のマガダ国（都は王舎城）と肩を並べた西の大国コーサラの王、パセーナディの王子で、親子とも仏教に熱心であった。その都を舎衛城と称し、現在のサヘート・マヘートが故地であるという。筆者は昭和三十六年に、同地に至った。

伝説では、舎衛城の須達多《しゅだった》長者は釈尊に帰依し、よく貧窮者や身寄りのない人を救済したので「給孤独」と称せられていた。ある時、王舎城の竹林精舎で仏の説法を聞いて大いに感激し、わが町にも精舎（おてら）を建てて釈尊をお迎えしたいと考え、その候補地として先の祇樹に目をつけた。長者の願い出に対し、太子は「果樹園全体にそなたの土蔵から黄金を出して敷き並べたなら」と答える。長者はさっそく金貨の箱を運んで庭に並べかかった。すると太子は「たわむれに言ったもの」とわびたが、長者は「太子たるほどの者がうそをついてはならない」と責めた。それがかえって太子を感動させ「わが名とそなたの名とで精舎を建て、釈尊に奉じまつろう」といって決定したのが「祇樹給孤独園」であった。

釈尊は前後二十年、この地に見えると精舎に住せられ、阿弥陀経はじめ多数の大切な経を説かれた。五世紀初め、中国からこの地に渡った法顕《ほっけん》三蔵のとき、祇園精舎はまだ元のままであった。

が七世紀前半に玄奘三蔵《げんじょう》が赴いたころはすでに荒廃していた。それが今世紀に入り改めて調査発掘され、釈尊のおられた香室の跡はじめ、多くの礎石が見られることになった。いま青々と木が茂っている。

『平家物語』に「祇園精舎の鐘の声、諸行無常の響あり」と出るにはこういう史実があるのである。祇園精舎の一隅には無常院と称する建物の中に病僧を置く一室（無常堂）が建てられ、院の四の角には四個の銀鐘が、また堂の四の角には四個の頗梨《はり》（ガラス）製の鐘がつるされていた。後者は形、腰鼓の如くであったという。その鼻に金毘崙《こんひろん》あり、金の獅子に乗じて手に白拂を執る、病僧の気が将に大漸しようとする時、この金毘崙の口から無常・苦・空・無我が説かれた。手に白拂を挙げると鐘がおのずから鳴った。その音の中に諸行無常・是生滅法・生滅滅巳・寂滅為楽が説かれた。病僧が音を聞いて苦悩が除け、清涼の楽を得て三昧に入るようにして浄土に往生した（祇園図経）と。祇園精舎の結構には、経行処・講堂・温室・食堂・廚房・浴舎および諸房舎があったとし、他にも物置、厠、井戸、蓮池、病室等が見られたようである。ことに精舎の中央には仏殿たる香室（ガンダクティ）があり、その周囲に八十の小房があるという宏壮なもので、いまもその香室の跡地が見られる。『阿育王経』には、アショーカ王が親しくこの地に至って舎利弗、目連、迦葉、婆駒羅、阿難等の諸大弟子の塔を礼拝したと記している。

祇園の名は日本人に親しい。古代インドでは、王族にも庶民にも仏教が離せない人生原理であった。現代においてはまた次第にその事実が広く見直されている。

アンコール・ワット

カンボジア国の仏教遺跡。同民族は唐書に「古蔑《こべつ》」として表われ、別の史書には、カンボジアが「扶南《ふなん》」の語で見える。三国時代、この国は中国と密接な通商関係を成立させ、貿易の寄港地とか市場になっていたのが扶南である。それが唐・明の間に、扶南の北から起こった「真臘《しんろう》」に代わられる。八世紀初めである。もともと北インドから来た混塡《こんてん》という者が、カンボジアの女王椰葉《やよう》と結婚したのが、扶南王と伝える。そのようにインド文化の影響下に古く開けたのが、今のカンボジア本来の姿。アンコールは王朝の名とみてよく、ジャバルマン二世が西紀八〇二年に、マヘンドラ山という現在アンコール・ワットのある辺りに都を築き、独立を宣言したのが始まり。ワットは寺院という意味。当初ヴィシュヌ神をまつったインド教の祠《し》堂であったものが、のち仏教寺院に変更された。十二世紀初めのスールヤバルマン二世の治下に、ようやくすべて完成したという石造の大建築は、東西が千四十メートル、南北八百二十メートルの壮大なものである。

筆者も昭和三十六年に至ったが、三重の回廊に囲まれた中央祠堂は一段と高く、そこに立って往古の宗教的繁栄をしのべる。ワットのほかに、アンコール・トム（都城）はじめ幾つもの遺跡がある。民族の運命は悲しい。アンコールの微笑といわれる石仏大観音の慈顔とくちびるには、地上に繰り返す惨劇を見下ろしながら、無言に千古の哲理を語りかける仏心がうかがわれた。

西 域 （さいいき）

中国から西方にあたる諸小国を総称していったもの。北に天山、南に崑崙《こんろん》の両山脈が、いずれも東西に走り、その中間にタクラマカン沙漠《さばく》（リム盆地）がある。沙漠のなか、わずかなオアシスをたよって点々とできた群小都市が、それぞれに小国家の体をなした。千仏洞で有名な敦煌《とんこう》や、鳩摩羅什《くまらじゅう》の出生地亀玆《きじ》をはじめとして、西はカシュガルやコータンにいたるまでの多くの国をかぞえることができる。七世紀に唐の玄奘《げんじょう》も往復この道を通ったが、彼が経過したのは少なくとも一三八国であったことが、その旅行記『大唐西域記』によって知られる。いまは「シルク・ロード」（絹の路）の名でよばれるローマと長安をつなげたこの東西の道は、じつは仏教が西北インドから中央アジアにひろまったあと、東漸《とうぜん》して中国にまで伝えられた大切な通路である。

仏教は、そのすべてがインドのままのものとして中国や韓国に伝わり、またそれらの地を経て日本にまで伝わったものではない。かならずそこに時代により、地域による大きな変革と改造が繰り返しほどこされてきたものである。そういう昔からの工夫と改新の道をあらためてふかく考えることが、現代のわれわれへの課題であろう。西域は、いまでは飛行機でもいける。けれども仏教中の禅や念仏の起源になった要素が、千年も二千年もの過去にその地方で根深くっちかわれていたことを知ると、現代人も、うかつに宗教の是非論をなすべきでないと大きく反省される。

チベット

チベットは中国四川省の西、インドの北、パミール高原の東に位置する。住民はチベット族がほとんどで、農業や牧畜に携わっている。言語はチベット語で、はじめ言葉はあっても文字がなかったのを、インドに人を派遣し、サンスクリット（梵《ぼん》語）を習わせ、文字もインドを手本にして作った。宗教はシャーマニズムの一種とも言われるボン教というのが古くからあった。が、七世紀のころ、インドから大乗仏教が伝わり、融合して後にいわゆるラマ教となる。

ラマはチベット語で「勝者」を意味する。それはしかし、宗教と精神界での最高の人を指す。世間をみちびく徳と力をそなえた人であり、現在はダライラマとパンチェンラマのあることが知られている。ラマ教は、そうしたラマ僧への限りない尊信の念がもとになって、チベットの風土に即して大きく開けた仏教と考えてよい。満州（中国東北地区）、蒙古（モンゴル）、ネパール、ブータンにかけて広がっていたが、チベット本土が中国によって掌握された後、ラサにあったラマ政府も一九五九年インドに亡命。その仏教も往年のおもかげはない。けれどもチベット仏教そのものは、ほとんど最高と言ってよいほどに開けていた十、十一世紀ごろのインド大乗仏教を直接に伝えたものなので「チベット大蔵経」をもとに、各国の仏教学者が懸命に研究している。日本からはまず河口慧海師が大正初期に入蔵して大蔵経を将来した。

伝説によると、三世紀の中ごろ、トトリニャンツェン王の時、宮殿の屋上に仏典、仏像等が降ってきた。しかし先のようなボン教の信仰の力ではだれにも飛来した宝法の意味が分からない。二、三年後に五人の他国人が現われ、宝法の意味と威力を説いた。王は敬意を表したが、一般にはまだ十分な理解が得られなかったので五人は去った。彼らはネパール僧とも中国僧とも言われる。古代において、そういう文化交流が東西にわたってあったもののようである。

七世紀初めのソンツェン・ガンポ王は、ネパールと中国の各王女を妃《きさき》とした。両妃はいずれも仏教徒として仏像その他を持参し、王をして仏殿を建て、信仰に入らせたという。十三世紀のパクパ、十四、五世紀のツォンカパをはじめ、現代においても仏教徒の模範とすべき傑出した学者が、徳望をそなえて現われていたのである。

ソンツェン・ガンポ王の時、トンミ・サンボータらをインドに留学させてチベット文字、文法を作成させ、それにより仏典の翻訳ができた。八世紀後半、チソンデツェン王の時、シャーンタラクシタとパドマサンバヴァのふたりがインドから招かれ、後者は密教を弘通してニンマパ（旧派）の開祖になった。のち十一世紀に同じくインドの学匠アティーシャが招聘されて、一時衰微していた仏教が再興し、カーダンパと称する顕教重視の一派が新派として生れた。

チベット仏教をラマ教と呼ぶのは、むしろ近世以来ヨーロッパ人が始めたことで、それはラマが三宝よりもさらに最高の権威あるものとされたからである。初代ダライラマはゲンドゥンドゥプ（一三九一―一四七五）で、ツォンカパ（宗喀巴、一三五七―一四一九）の弟子なる人であった。

千仏洞（せんぶつどう）

中国西北部辺境にある敦煌《とんこう》の仏教遺跡のこと。そこの莫高窟《ばっこうくつ》には、四百九十二ものほら穴が掘られてあり、各窟には多数の仏像や壁画がある。もと僧の楽僔《らくそん》が、そこの三危山を光る霊峰として体感し、掘りにとりかかったのが、西暦三六六年。インドではグプタ王朝の時代で、天親《てんじん》菩薩の出たころである。大乗仏教とは、それまでの僧院仏教が一般人民に開放されたことを意味する。それだけに仏身への思慕と憶念がその中心になっていた。西北インドからアフガニスタンを経て中央アジアに伝わった仏教は、シルクロードを一路、東へ東へと進んでいった。これを「仏教東《とう》漸《ぜん》」という。それがついに中国・長安から五、六百キロ北方の敦煌あたりにまで届いた。

莫高窟の中心になる大仏殿は六層で、各層五門のはばをもった大楼《ろう》閣。楼上から三危山の正面が見られ、南に展開するのが鳴沙《めいさ》山。景観の雄大さには仏国土（浄土）をほうふつさせるものがある。諸窟の蔵したのは釈迦、弥陀、薬師、弥勒あるいは文殊、普賢、観音、地蔵等の諸仏（如来）諸菩薩である。敦煌の千仏洞は、各時代を経、宋から元にかけてまで、前後千五百年中に作られた。長く忘れられていたのが、スタインやペリオ、あるいは日本の橘瑞超らにより、七、八十年前に探検、発見、発掘されたが、仏像壁画類は大部分がヨーロッパに運ばれた。窟に所蔵されていた珍しい仏典の多数も、一緒にかの地に移された。

高野山（こうやさん）

単に高野とも言う。和歌山県東北部伊都《いと》郡の東部の山で、海抜九百メートル。そこに弘仁七年（八一六）、弘法大師空海が真言宗を開いた。空海（七七四—八三五）は、その時四十三歳。讃岐（香川県）の生まれ。十五歳で奈良に出て、初め教海と名のり、二十二歳のとき東大寺に入り、空海と改めた。三十一歳のとき唐に渡り、長安で青龍寺の恵果《けいか》に就いて真言密教を学ぶ。三年目に帰国し、高野に金剛峯寺《こんごうぶじ》を建て、そこを密教修行の根本道場とした。

多い時は、二千の僧坊が一山にあったという。たびたびの雷火や火災で全山が焼けながら、不思議とその都度、再建されつつ現在に至った。いまは百二十余の僧坊数に過ぎないが、年間七十余万人が参詣する。現在の金剛峯寺（青厳寺）は明治元年（一八六八）に建ったもので、言うまでもなく高野山真言宗の総本山である。全山の中心建築は根本大塔で、昭和十二年に建てた鉄骨コンクリートのもの。堂内には胎蔵界の大日如来、金剛界の四仏が安置されている。ほかに、金堂は昭和七年の再建である。

高野山に明治十年（一八七七）、大学林として設立された学校が、いまの高野山大学。そこの学長にもなられた金山穆韶《ぼくしょう》師は、山内の天徳院に住まれ亡くなられたが、天徳院は加賀藩の菩提《ぼだい》寺であった。金山師は富山県出身、十四歳で高野山に登り、一生独身の高徳な学匠。倶利伽羅不動寺は、この師の力で復興した。明治の神仏分離により、同寺からは多数の宝物が金沢の宝集寺に移されたが、その中に国宝級の「高野大師行状図画」も含まれる。

弘法大師は承和二年三月二十一日、六十二歳にして高野山で入寂された。驚くべきは、弘法大師とのおくり名は、空海没後、八十五年もたってから頂かれたものであること。大師のお徳は死後に光ったわけである。いろは歌の作者ということも、いまは伝説とされているが、能書の人でもあり、日本文化に貢献したことは甚《じん》大この上ない。ここでは仏教教理のことはすべてはぶくも、大師は綜芸種智院《しゅげいしゅちいん》という、日本で最初の学校を建てられた教育道の大先覚である。高野山の奥の院には、現在も即身成仏の現証のまま、大師は眠っていられる。

空海は渡唐して恵果に就くが、半年間に金胎両部の密教を授かる。留学は二年で切上げたが、『御請《しょう》来目録』にその成果が示される。帰国後、筑紫の観世音寺に借住を命じられ、のち和泉に、さらに三十五歳になった時（大同四年七月）京都に留住し、叡山の先輩最澄との親交が始まり、協力して一乗仏教宣揚に努めようとするのであるが、不幸にして数年で両人の関係は絶たれ、ここに天台と真言で比叡山と高野山の対立ということになるわけである。もっとも空海は別に五十歳の時、国家鎮護の真言道場として東寺を京都の地に賜わり、引続き翌年また同地の高雄山寺を定額寺として神護国祚《そ》真言寺に改称するのであるが、高野への関心は生涯かわらず、ここを入定の地とした。六十二歳で金剛峯寺に没したが、その教化の跡は全日本を覆うた。日本人にとっても外国人にとっても「高野」の名は、「奈良」「京都」と並ぶ仏教霊地なのである。

成田山（なりたさん）

千葉県成田市にある新勝寺の山号。寺院は多く山にあり、山名を冠して寺名を称したが、時にはこれをはばかって、もっぱら山号で呼んだので、かえって本寺名が忘れられた。新勝寺のごときはその著例といえよう。同寺はもとは新義真言宗の別格本山。新義というのは、古義に対し空海を高祖とし、覚鑁《かくばん》(一〇九五—一一四三)を宗祖とした。これに智山・豊山《ぶざん》の両派があったが、それらの称は戦後廃止された。覚鑁は興教大師の名で知られる高徳の学匠で、和歌山県の根来《ねごろ》に大伝法院を建て本山にした。

天慶二年(九三九)平将門が東国でそむいたため、京都・遍照寺の寛朝に勅命がくだり、京都高雄・神護寺の不動明王を奉じ、海路関東に赴いた。千葉県の公津原で密法を修し、やがて東国を平定することができた。これが成田山の遠い由来である。その後、成田の古薬師に移り、三転して江戸期の元禄年間(一六八八—一七〇四)に照範という高僧が出て、寺基を今の場所に定めたもの。佐倉城主・稲葉正道の帰信もうけた。不動尊への信仰が、中心にも根本にもなっている。堂塔伽《が》藍《らん》は江戸後期、十世照嶽のときに建ちそろい、弟子の照輪もまた江戸深川への出開帳につとめ、その他成田山別院の名で全国に末寺網が広められた。安政四年（一八五七）建立の本堂（不動堂）は、方十四間、高さ十二間余であった。

善光寺（ぜんこうじ）

長野市箱清水にある。定額山が山号。古くこの寺に四門あったうち、東門の名（善光）が寺の総称になったという。東ということについては、都の文化が東進して行きついた果ていう意味もあるように思う。欽明天皇十三年秋十月、百済の聖明王から「弥陀一光尊」が貢がれた。しばらく宮中に奉安されたが、悪疫が流行し、それは蕃神《ばんしん》（他国のカミ）を崇拝するたたりであると、難波《なにわ》の掘江にその仏像を投入した。敏達天皇二年に内裏に再安置したが、物部守屋がまた堀江に沈めた。つぎの推古天皇十年四月に、信濃伊奈郡麻績《おみ》の里の本田善光《よしみつ》が、波間に光るその尊像を拾い、背に負うて帰郷し、自宅のうすの上に安置したと伝える。うすは農耕の用具で神秘的なもの。その後、皇極天皇元年（六四二）、水内郡芋井郷に移安したのが、善光寺のはじまりという。が、文献上は『源平盛衰記』『平家物語』に善光の名が出るのが最初であるから、四天王寺、法隆寺などと一列に考えるべきではない。なお、麻績には伊奈とは別の、秦氏が開拓した更級の方が正しいとの説は、これまた大陸文化の東進を説明しようとするものであろう。

いまの善光寺は、大本願（浄土）と大勧進（天台）の両方で成り立っている。田舎天台といって、関東に早くから広まっていた天台宗が基盤になりながらも、本尊が阿弥陀さまなので、また別に浄土宗の扱いにもなったものなのであろう。内陣瑠璃《るり》壇の下にある暗い通路をまわるのが、戒壇めぐり。その時一ヵ所、壁に下がった鍵《かぎ》に手が触れられるかどうかで、地獄行き、極楽行きが決まるという俗信がある。修学旅行でもおなじみだった。

昔この寺の近くに不信強欲、心がけのよくない老婆がいた。さらしておいた布を隣家の牛が角にかけて走った。それを追い、知らぬうちに善光寺に駆け込んで、そこが霊場であることを知り、後生を願うに至ったという言い伝えから「牛に引かれて善光寺参り」という、ことわざがある。本田善光は妻の弥生姫、長子善佑とともに本尊右わきにまつられているが、これにはインドの月《がっ》蓋《かい》長者の話が関連している。お釈迦さまの時、悪疫がはやった折、この長者が仏に願って病苦救済の法を授かり、それが弥陀、観音、勢至の三尊を念ずることであったというのである。

善光寺の本堂は、礼堂、外陣、内陣、内々陣と奥行深い重層の大建築で、今は江戸寺院建築の代表的遺構。本堂のほかに山門、仁王門、経蔵、忠霊殿等がある。もと三井寺に属し、のち高野山、寛永年間（一六二四―四四）天台に三転した。そうした所属変転中、本尊は「善光寺如来」として共有ながら、大勧進は塔《たっ》中四六坊中、衆徒方二一院を、また大本願に中衆方一五院を保管する。大本願は首長として尼公《あまぎみ》である。そうした管理面の複雑さから善光寺には江戸時代以来、争議が絶えなかった。僧坊中のこり一〇院の妻戸はもと時宗であったが、いまは天台である。度々火災で焼けながら、程なく復興して現在に至っているのは上下の信仰が厚いからである。武家としては源頼朝・実朝・北条泰時・時頼、また僧家では明遍・一遍・良忠が特に崇敬した。

立山（たてやま）

もと多知山《たちやま》と呼んだ。富山県の大連山で、中で剣岳、別山、浄土山、薬師ヶ岳等が目だつ。主峰雄山（二九九二メートル）山頂には、もと立山権現、いま雄山神に改まったものが祀《まつ》られる。一番高いのは大汝（三〇一五メートル）である。蓮如上人の御文《おふみ》に、「加州、能登、越中両三ヶ国より吉崎に参詣して下されて」（文明五年二月八日）というのがある。近江の堅田を追われ、北国東国の親鸞遺跡を訪ねに出た上人は、越中路では右手に高く立山を見たことであろう。それから三年後の文明三年（一四七一）越前吉崎に上人の坊舎が建つ。他にも「加賀、越中、能登、越後、信濃、出羽、奥州の七ヶ国より」とか、「当流念仏者の中において、諸法（諸宗）を誹謗《ひぼう》すべからず、まず越中加賀ならば立山白山そのほか諸山寺なり、越前ならば平泉寺豊原寺等なり」と書かれたものがある。近世まで立山は天台宗であり、上人を追う旧勢力であったから、吉崎への信者中に排他の言動をなす者も少なくなく、きつくそれがたしなめられたものなのであろう。

伝説では大宝元年（七〇一）越中国司になった佐伯有若の嫡男有頼が、鷹狩りに出て雪高山（立山）に登り、飛ばした鷹を見失い、また間違えて熊を射殺した。その鷹も熊も、実は神であったという。あるいは熊は金色の阿弥陀如来の姿をとったとも説く。有頼はのち仏門に入り慈興と号し、立山に仏法ある基いをなした恩人である。

白山（しらやま）

石川県鶴来町の白山比咩《しらやまひめ》神社の呼称に照らしても「しらやま」の言い方が本来のもの。山そのものは石川、岐阜両県にまたがった休火山。手取、九頭竜、長良の三河が、その山頂を水源地としたから、幕藩時代には特に加賀と越前とでその領有を争った。が幕府はこれを機縁に天領として支配した。信仰の山「しらやま」は、「消えはつる時しなければ越路なる白山の名は雪にぞありける」と『古今集』にも歌われたような気高さをとどめ、その民俗には殊に真宗の教化の跡を残して信心ぶかいものがある。

白山三峰への信仰は今奥宮の鎮座する御前峰（二七〇二メートル）を中心に、大汝、剣ケ峰を左右に弥陀三尊に託した、本地垂迹《すいじゃく》の古伝に基づく。維新時の神仏分離で、その下山仏は白峰村林西寺と尾口村尾添の小祠《しょうし》に祀られている。山頂と鶴来町の本宮との中間地帯は、中古に中宮八院（仏教）があったとされるが、その一つ涌泉寺の跡あたりは今、遊泉寺（小松市）の町名で呼ばれる。昭和二十六年、彫塑家都賀田勇馬はそこに入り、一大決意のもと、その山地にハニベ（埴部）巌窟《がんくつ》院を興した。往時から三十有余の寺院があった一帯だけに、住民は仏教の復興を渇望していた。洞窟内の諸像中、釈迦に十大弟子を配して安置した場所が主であるのも、関係者の仏教理解の正しさを表わしている。

黄泉の国（よみのくに）

死者の魂が行くという所。あの世。冥《めい》土。黄泉はもと「コウセン」で、中国において地下の泉を意味した。そこが死者の行く所とされ、死者そのものを黄泉の客とも称した。『万葉集』巻九に「ししくしろ（繁釧）よみに待たむと」と出るが、ししくしろは「うまし（美し）」「よし（善し）」にかかる枕詞《まくらことば》であるから、死後の世界を暗く考えていたとは思えない。むしろこの世に生きることがつらく悲しければ、あの世は楽しく心待ちされる世界でさえあったろう。

冥土（冥途にも書く）ともなると、暗黒の世界で、地獄・餓鬼・畜生―これを三悪道《さんまくどう》という―のごとき、行きたくない、行ってならない世界の意味になるが、そこに仏教の必要が生じてくる。冥土《よみじ》の旅は死出の旅で、もと仏式では湯灌《ゆかん》といって、納棺の前に死体に沐《もく》浴させた。頭もそり、白帷子《かたびら》を着せたのである。仏のお迎えある浄土へ死者を送る作法だから厳重である。キリスト教徒は「よみ」に、陰府の字を当て、むしろ祝福されない者の住所とする。仏教の三悪道は、仏の知恵に照らし出されて余計にその救いの直接対象になったところがとうとい。

「よみ」は日本書紀に「よも」（泉）、古事記に「予母」、祝詞に「予美」と出る。中国の他界観念にもとづく「黄泉」の文字にこれを当てたと考えられる。イザナミノミコトの死を追うてイザナギノミコトが訪れた死後の世界を極楽浄土の明るさに変えるには数百年の歩みが必要であった。

Ⅶ 成句

一隅を照らす（いちぐうをてらす）

一隅とは片すみ。その片すみにおり、目だたない存在ではあるが、まじめに努力して、そのはたらきが、ついにみなのためになっていることが証拠だてられる。本人には何も知らないことであるが、ただ黙々と当たりまえのように、その仕事を続けている。その中に、おのずと光ったものが宿っている。それが照らし出すはたらきである。すべてまごころから出たことである。

「一隅を照らす」とは、比叡山を開いた伝教大師（最澄）のことば。『山家学生式《さんげがくしょうしき》』とて、天台宗の学問を中心に、仏教大学延暦寺を同山上に開設するため、朝廷に出した願文があって、その中に出る。学生式には、模範的な菩薩僧を養成する根本がのべられる。そのうち、国師は学問が第一、国用《ゆう》は実践が第一、さらにそれらの上の国宝が、理論と実践の両面に傑出している者ということであった。事実、叡山には国宝級の人物が続々と現われ、鎌倉のいわゆる新仏教も、この叡山の伝統をぬきにしては、とうてい考えられない。しかし最澄の切実な願いも、当初は奈良（南都）の旧仏教勢力におされて、大師の生前には勅許されず、死の直後に認められたのであった。いつの時代にもそれに似たことがある。

一隅とは、社会的に目だたない存在を意味すると同時に、しっかりその場所に腰をすえている者のことである。それには行の人である前に、信の人であることがいる。その信には素直な心がまずいる。「一隅を…」の思想や観念は、もと仏教の因縁説に由来する。さきのように一隅を照らす人は、そのまま光っている。しかもその内面に、大きな心の相続がある。真に仏光を仰ぐ、地道なしわざの中からでないと、世の中を明るく照らし出す好結果は期待できない。

現代の学校には、社会をそれとして教えることはあっても、「社会への心」を授けることが浅いと思う。むしろ社会を恐れる心の中に、真に社会をとうとび、これを立派なものに形成していく道が開けていくのではなかろうか。ただ仏教では社会といわず、「世間」といった違いだけで、真の出世間者（菩薩）は今日の世にも、一隅を照らすわざに隠れながら専念していよう。

伝教大師最澄は、一方の空海より七歳年長である。十九歳で東大寺戒壇院に具足戒を受け、叡山にはいり理想宣言の発願文を作った。二十一歳の時、根本中堂を創建し、一乗止観院と号し、それから六年後に空海と相前後して入唐した。中国では道邃の摩訶止観の講筵に列し、そのほか円密禅戒の四宗を諸師に承け、在唐八ヶ月で帰国した。しかし大師の本意は天台仏教を中心に日本に大乗精神を確立することであったのである。それで『学生式』を作って山上における学生の教育方針を制定すると共に、宮中に向かい所要経費を「年分度者」としての公費支給を乞うた。その式文中に出る「一隅」の一語は、四すみにあるものの一つのすみの意味で、『論語』以下諸書に出で、「火は一隅を燭《てら》せば則ち室偏して光無し」（呂覧）と共に、「光を隙に受け、一隅を照らす」（淮南子）等とあるもの。しかし大師の表現には、菩薩道の意義をのべつくす気慨のこもったものである。空海の寛容に比し、最澄は厳格である。

御恩報謝　（ごおんほうしゃ）

神仏のお助けのめぐみに報いようとすること。「恩」の字は、因と心の二字からできている。もとは「めぐむ」という動詞。恩恵ということばもある。大切なのは、めぐみをめぐみとして素直に受けとめることである。単に恩とのみいわず、御恩とか大恩とかいうのは、すべて恩を受けた者の側でいうことである。

日本では、恩のことを仏教の力で宗教的に受けとめた。それが今の「御恩」などということばである。とくに御の字は、漢字では御《ギョ》といって馬に乗ることであったが、仏教用語の呉音では「ゴ」と発音し、恩に乗せられる、恩をいただく意味にした。感恩とか知恩とかいうことが、御恩のじっさいである。

端的に「御恩報謝」の語の出るのは、蓮如上人の改悔文《がいけもん》（東派。本派では領解《りょうげ》）のなかである。仏道修行にいろいろの道があるけれども、そのいずれもが自分という思いを捨てがたいのに比し、阿弥陀如来のお助けで救われる他力信心の道は広くて確かであるとし、「たのむ一念のとき、往生一定《いちじょう》（極楽にいける）、御《おん》たすけ治定《じじょう》（仏になれる）と存じ、この上の称名《しょうみょう》（ナムアミダブツと称えること）は、御恩報謝とよろこび申し候」という。信心ぐらしのよろこびである。

報謝はかならずしも財物の積み重ねではない。できるだけのことをするということである。

色即是空（しきそくぜくう）

『般若心経』の一節である。心経は経題（摩訶般若波羅蜜多心経）ともで二百七十六字の短い経典であるが、そのなかに大乗教理が総括されるものとする。般若はプラジュニャーといって知恵のこと。それが、慈悲の菩薩である観音の行証として、悟りあかされた形で示されるところに大きな意味がある。初めに「五蘊皆空《ごうんかいくう》と照見する」というが、五蘊というのは、全存在とその認識を、色・受・想・行・識の順で「蘊（積集したものということ）」の一語でまとめたもの。

つまり「五蘊皆空」とは、色（目にうつる外界の色境）という物質界と、受から識までの四段の精神界とが、すべて空であるということ。空とは単に無いということではなく、むしろ有《あ》る無いの、さらに根底の不動なところを指すもので、そこからすべてが現われ、また逆に、そこへすべてが収まっていくその原点、原世界を指して空という。さらに、蘊・処（十二処）・界（十八界）といって、六根（眼耳鼻舌身意の六作用）と、これに対応する六境（色声香味触法の六外界）を十二の一類とするのが処。その十二に六識（六根と同じ意識）を加えたのが十八界。この蘊処界の三様三態で、われわれの経験する人生世界のいっさいが言い尽くされるとする。

以上が総論で、色即是空以下はその各論である。色を「いろ」と読むのは、その物その物に「いろどり」があるからで、「いろいろ」は一切諸法というのに同じである。それが「即是」で、そのまま、とりも直さず空である。というのは、色の真に基づく所に目覚めさせるためである。色即是空は、われわれが外界の事物と一つになる知恵で、その知恵の力でこれまで外に見られていた「もの」が、わが身と心にひとつながりのものに「見」直され、かえって愛（慈悲、めぐみ）の心の下に一体化されてくる。そこが空即是色で、色そのものに変わりはないが、仏菩薩の力を介して発現し、実証された世界は、風光を一新して万人に限りない生きる喜びと幸せを恵んでくれる。心経最後の「掲諦《ぎゃてい》」うんぬんは、進め進めといって、大自由の働きのことである。

『般若心経』は般若皆空の心要を略説したもの。すなわち観自在菩薩が、舎利弗（舎利子）のため、①まず五蘊皆空の義を説く、「諸法の空相は、不生・不滅・不垢・不浄・不増・不減」で、そうした生滅、垢浄、増減の分別相対化を離れているから、空の中には色〔受想行識〕の五蘊もない。それでまさに「色（蘊）即是空」である。②つぎに眼〔耳鼻舌身意〕の六根もない（眼根即是空）し、色〔声香味触法〕の六境もない（色境即是空）。また眼識界ないし意識界の六識（界）もなく、無明にはじまり老死におわる十二因縁〔の生〕も無く、同じく亦その無明尽以下の十二因縁滅もないと説く。③またさらに苦・集・滅・道の四諦も無く、智（それは捨である）も無く得（不捨）も無い。すなわち無所得であると述べる。④菩薩は般若の智慧〔空智〕に依るから、顛倒夢想〔無を有と見るまちがい）を離れ、涅槃（さとり）をきわめるし、⑤諸仏は同じく空智に依って阿耨多羅三藐三菩提《あのくたらさんみゃくさんぼだい》（無上正等覚）を得ると明かす。⑥故に「般若波羅蜜多」はこれ大神呪（真言）であると説く。⑦最後にその呪を実際に示しておわる。

篤敬三宝（とくけいさんぼう）

「篤《あつ》く三宝を敬え」と読む。千四百年のむかし、聖徳太子が十七条にして定めた憲法中、第二条に出ることば。第一条が「以和為貴（和をもって貴しとなす）」という、社会的な表向きについての規定であるだけ、この個条はその裏付けの精神を説いたものと思われる。

仏《ほとけ》・法《みのり》・僧《ほうし》が三宝で、仏教を具体的に指すことは言うまでもない。同憲法には「三宝は、四生（特に人間）の終帰（ついのよりどころ）、万国の極宗（きわめのむね）なり」と説明。その理由から「いずれの人かこの法を貴ばざらん」ものとしている。さらに「人、はなはだ悪《あ》しきもの鮮《すくな》し。よく教うるときは従う」としているが、そこが眼目であろう。よって「それ三宝によりまつらずば、何をもってか枉《まが》れるを直うせん」という結びとなる。

そこには太古からの民族生活を、朝鮮半島から伝わった仏教文化によって確立しようという願い心がこもっている。政治の根底は常に国民の善良さへの道念になければならない。そしてその政治の中心は文教にある。仏教は単に宗教だけとして、太子の目にうつったのではない。太子は積極的に大陸文化を日本に取り入れた。戦後の紙幣に長くその肖像が使われたほど、日本人には忘れがたい人である。

ノーベル賞というが、今ならその平和賞を受けたであろうほどの国際的な平和為政者であった。

鎌倉時代に「和国の教主」とたたえられ、明治憲法も現行憲法も、その憲法（いつきしきのり）の二字は、太子の時のものである。日本人の生活の中への仏教のとかし込みは、この「篤敬三宝」の四字が、その流しこみ口になったものと考えてよかろう。

太子の所信では、仏教はむしろ全人類のものとされていたのではないか。それに照らし、現在の仏教には、いろいろ反省すべきことが少なくないのではと思う。

道徳と教育の根源をさぐり「よく教うるをもて従いぬ」と示された思想的意義は、現代人においても限りない愛と信頼の心をもって、わが子、わが教え子、そしてすべての人に善意をもって教導に当たる時、その普遍性を失わないであろう。篤敬三宝は、あながちに仏教に限って申された趣意ではあるまい。

聖徳太子（五七四—六二二）四十九年の全生涯は、仏教に始まり仏教に終ったと称してよい。しかもそれは単に宗教としてのそれにとどまらず、当代大陸文化の代表的なものとして従って世界史的意義のものとしてその普遍的原理性に即して理解され採択されたのであった。各種の太子伝中から歴史的に太子の正伝を実証することも当然必要ながら、その根本精神を見失ったり見誤ったりしてはならないであろう。直接には高麗僧慧慈等の来朝により、間接には小野妹子を隋に遣りてであるが、とにかく正しい仏教の把握に努められた事実である。『上宮聖徳法王帝説』に、「太子聡慧にして深く涅槃の常住・五種仏性の理を悟り」等とあるは、最も信ずべきことであろう。

半座をわかつ　（はんざをわかつ）

雑阿含《ぞうあごん》というお経に、摩訶迦葉《まかかしよう》のお話が出る。仏に十大弟子があるうち、舎利弗《しやりほつ》、目連に次いで、第三の大弟子である。この人は修行に激しくて頭陀《ずだ》第一といわれた。頭陀袋というのは、修行者が肩にかける袋である。その摩訶迦葉（大迦葉ともいう）が、ある時ヨレヨレの服装で、釈迦のいられる祇園精舎《ぎおんしようじや》に至った。人々がその風さいのあがらぬ格好つきに、彼を驕慢《きようまん》の思いで見た。すると釈尊は「ここへおいでなさい」と言って、わが座の半分をわけて掛けさせられた。比丘たちは恐れおののいて、身の毛がよだったと書いてある。摩訶迦葉は、そのように有徳の人であったから、釈尊のご生前に舎利弗、目連は死し、彼が仏教教団の代表者になった。仏陀おなくなりの時、お棺に火をつけたが焼けない。遠方へ巡行中の大迦葉が戻って改めて式を挙げると、すぐに火がついたというのも、教団の統率者はこの人をおいて、ほかに人がなかったことを物語るものであろう。

座をわかつとは、徳を頂き合うことなのである。釈尊も、大迦葉のごとき優れた後継者を得られ、安んじてこの世を去られたものにちがいない。仏典はすべて多聞《たもん》第一の阿難尊者の名で語られるが、これを王舎城結集《けつじゆう》とて、大きな編集会議にかけた手柄は、やはり摩訶迦葉その人の力量にもとづこう。

平生業成（へいぜいごうじょう）

平生とは、ふだん（普段）、つね日ごろのこと。平常とも書き、また日常とか尋常ともいう。そうでないのが非常で、非常であるから高等でもある。むかしは小学校にも中学校にも、尋常と高等の区別があった。業成《ごうじょう》は、浄土に往生する行業《ぎょうごう》（しわざ）を成就《じょうじゅ》すること。業事成弁《ごうじじょうべん》ともいう。つまり坐禅や称名念仏の道がなしとげられていること。ふだんのはげみからである。その用意がないと、臨終の時にうろたえねばならぬ。けれどもまた、「臨終業成」といって、それなりにまた助かる道がある。それはいのち終わるとき、善知識《ぜんじしき》に会うてその導きで仏名を称え、浄土に往生して成仏するのである。その善知識も入信《にっしん》の人でさえあれば、特別な人でなくてもよい。

ふだんの行ないという意味が「平生業成」にあるので、悪しざまな結果になった時、これを評して平生業成だというが、低俗な使い方でつつしまねばならぬ。臨終業成こそまさに非常手段で、やはり日ごろから心がけてわが身の死後をたしかにしておかねばならないであろう。鎌倉時代に伊予の智真によって起こされた時宗という浄土教の一派があって、阿弥陀経による一遍の称名の道を唱え、武家にも民衆にも喜ばれた。

現代人はとかく平生の底に臨終を知ろうとしない。ある意味では臨終のままが平生なのである。死に臨んでだれをうらむこともできない。平生業成とはわがいのちを仏道にのせ切ることである。

勿体ない（もったいない）

勿体は物体とも書く。物は牛偏に勿の字で、もと勿はフツと発音する。『論語』に、孔子が弟子の顔回《がんかい》をさとしたことばとして四勿《しふつ》が出る。非礼勿視、非礼勿聴、非礼勿言、非礼勿動、礼を欠いた場所やことがらには、見聞きや言動をするなというのである。さらに勿も物も字引にはモチとあり、勿論《もちろん》などと言う。けれども、この勿論（無論ともいう）の語は日本でき、論ずるまでもないということ。そのように勿の字は、本来「なかれ」という禁止のことばから、「ない」という否定の語となり、いま勿体は体が無いとて、本節からはずれていること。

勿体（物体）は物々しくし、尊大ぶることで、勿体顔といえば、その顔つきをすること。勿体をつけるともいう。昔は「勿体無《な》の御事や」とも称した。そういうことから次第に転じて、こちらのすることが、とくに相手方の神仏や貴人などに対して不都合であることに「勿体なし」と述べ、その口語が「勿体ない」となったものである。ゆえに、「勿体ない」に、①おそれおおい、かたじけないという意味と、②あたら惜しいという意味とがあるが、あいまって物事を粗末、粗略にしない、ひいては自分の身におよんだものすべてを大切にするということで、仏教の因縁思想が日本文化のうちに深く豊かにみのったものと考えてよい。

当方の言動がもとで、尊信するものの徳と光を傷つけるのであるから、当然そこに罰があたるということがある。勿体は客観的にありがたく感じられるものを指し、「勿体なし」は、それに対応するこちら側の不行き届きを指したものであろう。やがて「勿体ない」には、神罰等をおそれて、畏《おそ》れ多い、かたじけない、ありがたいの意味が生じた。とりわけ、むやみに費やすのが惜しいという経済観念につれての勿体ないという語が一般的になった。

資源の乏しいわが国は、資源の多い国のまねをしてはならないのであろう。日本人の本当の資源は、やはり人間の心根であると思う。国土領域こそ狭いが、世界中にこんなに美しい国は少ない。川端康成氏も、ノーベル賞受賞の記念講演の時、初め「日本の美と私」の題にしていたのを、いよいよの時「美しい日本の私」としてしまった。そこには先祖代々に受け継がれてきた心の美が、当然にふくまれている。川端氏はその時、道元禅師の「春は花、夏はほととぎす、秋は月、冬雪さえて冷《すず》しかりけり」の歌を最初に紹介した。永平寺山門には「一酌の水も活かし切れ」と書いてある。勿体ないほど教えに富んだ国にわれらは生かされている。

蓮如上人は、廊下に落ちている紙一枚をも拾って、「これも仏法領（ホトケの世界）のもの」とおし頂かれたというし、句仏上人（大谷光演師）にも

勿体なや祖師は紙衣《かみこ》の九十年

という一句がある。勿体ない、ありがたいということばほど、仏教の真理をズバリ示したものはない。教えてもさとしても子どもたちにありがとうと言わせたい。子どもも大人もない、よほど心ゆきが素直でないと、「ありがとう」とは言えないものである。

廃仏毀釈（はいぶつきしゃく）

「仏を廃し、釈を毀《こわ》す」と読め、その意味は「仏教を廃止し、釈迦関係の事物を毀損《きそん》する」ということになる。明治元年、神仏分離令が出され、全国にわたり神社と仏寺が分けられることになった。つまり江戸時代末までに神仏（神道《しんとう》と仏法）が混交し合っていたのを、維新に際しはっきりもとの形にかえらせようとする政策的意味だけのものだったのに、それに伴い両者間にはげしい争いが起こる結果になった。新政府が徹底的に分離令を実施しようとしたことが原因である。

本来仏教は世界的な文化宗教で、しかもインドに起こり、中国や朝鮮半島を経て日本に伝わって、わが国にもとからあったお宮を中心とした民族宗教とは道徳や政治、経済の面で生活とのかかわり方がちがう。仏教はインドですでに十二世紀に滅び、中国でも「三武一周」といって、北魏(大武帝)、北周(武帝)、唐(武帝)、と北周(世宗）の各時代に、主として道教のため法難にあっている。しかしそれは仏教がまちがっていたためではなく、仏教を正しく理解させる努力が不足していたことによる。真に世の中を導くものは、むしろかくれているのであり、あえてかくすわけではなく、そのもろきに見える奥にひそむ不滅の力は、これに目ざめておのれをそれに運ぶひとの上にはたらくのである。明治の時も、「廃（もと排と書いた）仏」を逆縁に、かえって仏教が新たな、しかも大きな復興を見せたのである。

也風流（やふりゅう）

鈴木大拙が愛用した自号。その由来は宋の白雲守端（一〇二五―一〇七二）の「臨済三頓《さんとん》の棒」を歌った次の詩である。「一拳《けん》に拳倒す、黄鶴楼／一躍《てき》に躍翻《ほん》す、鸚鵡洲《おうむしゅう》／意気有る時、意気を添え／風流ならざる処、也《ま》た風流」。この第四句は、風流でないのもまた風流であるということ。臨済と黄檗《おうばく》の間柄を指す。風流は前代からの遺風という、すぐれた師匠が後々に残し伝えた流儀で、俗ばなれしたみやびやかなもの。臨済義玄（八六七年没）は、唐代の禅の巨匠黄檗希運（八五〇年ごろ没）の弟子だが、入門してもしばらく目立たなかった。

それを隠れて助けたのが黄檗会下《えげ》（門下生）数百人中に首座を務めた睦州《ぼくじゅう》和尚である。三年も寺にいて一度も参禅せず、師匠に独参する言葉も知らない義玄に向かい「仏法とは何ぞと問えよ」と教える。義玄は黄檗の部屋に入るなりその通り大声で叫ぶ。言い終わらぬうち、黄檗にたたかれる。戻って睦州に報告すると、再度行けという。またたたかれて戻る。そのようなことが三遍あり義玄はついに寺を出る気になり睦州に打ち明ける。「それなら師匠にあいさつしてからにせよ」と言いざま、睦州は隠れて黄檗のもとに走り「例の者は将来大成すれば必ず大人物です。よきご指導を願います」と頼んだ。黄檗は「高安灘《だん》の大愚のもとへ行け」と言って下山を許した。

義玄を迎えた大愚は、さきの三頓のわけを問われて「黄檗は何と老婆親切な人か、それも知らず何を血迷うてここに来た」とたしなめる。その一語で義玄は大悟しながらも「黄檗の仏法もそれだけのことか」ともらす。大愚も内心よろこびながら、その慢心をへし折るために、義玄の胸ぐらをつかまえ「この小便たれの小僧め、それだけとはどれだけか、言え言え」と押しあげる。どうにもできぬ義玄は、大愚のわき腹を三度押し返した。大愚は「やはり黄檗がお前の師匠だ。わしの知ったことでない」と、再び黄檗山へもどす。もどってきた義玄を見て黄檗は「いつまでウロウロしている」とはねのけ、義玄は「ご親切が身にしみました」とあいさつした。すでに義玄の力量を見ぬいていた黄檗は「いまいましい大愚め。いつか打ちのめしてやる」と言う。すかさず義玄は「何も来るのを待たれるまでもないでしょう」と、平手で師匠のほおを打つ。黄檗「気が違ったか虎《とら》のひげをなでるまねをしやがる」とどなる。義玄はそこで、カァーッと一喝を浴びせる。「だれかおらぬか、こやつめを禅堂に連れて行け」と黄檗は言う。が、その両眼は喜びの涙でか、光って見えたという。昨今の学内暴力には、教師にも生徒にも、信と愛が欠けている。

　大拙（一八七〇―一九六六）は維新時の変動で家が貧しかった。それでも禅の家系の父と金沢の真宗の風土になじんだ母との宗教心を受けてのちには世界的な仏教学者となった。そしてとりわけ「禅仏教」の普遍的意義を国際的に知らせた。もともと一元論的実証主義者といわれたアメリカ・シカゴのＰ・ケーラスの経営するオープン・コート社に鎌倉円覚寺釈宗演の推薦で、渡米の上従業したのがその運命を定めたもので、そこに禅と語学と東洋思想が一つになっている。也風流の一字句に師の風格が尽くされたといえよう。

唯仏是真（ゆいぶつぜしん）

聖徳太子（五七四―六二二）のおことば。「ただホトケのみこれまこと」と読む。その頭に「世《せ》間虚仮《けんこけ》」（世のなかはむなしい）の一句があり、二句で表裏一体。太子ご往生ののち、お妃《きさき》の橘大郎女《たちばなのおおいらつめ》が、推古天皇（太子の叔母）のお許しを得、官女たちの協力のもとに織りなされた繍帳《しゅうちょう》（天寿国曼荼羅《まんだら》）に配された文章に出る。この語は太子ご生前から、ふだん口にされたものという。わが国浄土教信仰の起源である。天寿国はユニークなことばで、無量寿国を略した「無寿国」でないかと言われることもあるが、天寿国のままでよい。天寿の国、天国でも極楽世界でもよい。この世を穢土《えど》とする時、あの世は浄土である。ただ浄土を穢土から引き離したのでは、その意味をなさない。この世がしみじみ穢土と見いだされるとき、すでに浄土が明るくこの国土を照らし出している意味がそこにある。この世とあの世は別でない。別ではないが、いな、それだからこそ、この世からあの世をいよいよ拝まねばならない。仏のいられる仏国土からは、限りなく昼夜にこの娑婆《しゃば》を照破する光波がおよんでいるのである。

仏の一字は、世間に対する仏国土（浄土）の意味である。現代においても教育に道徳に、あるいは医学に薬学に、その他産業に経済に、どの方面でも仏と仏国との基本的な意味あいが確立されねばならないと思える。

あとがき

十年あまり前のことになる。ある日金沢に本社のある北国新聞社から祖浜賢太郎氏がお見えになって、新たに同社の新聞に宗教のページを設けたいが、相談にのってほしいといわれる。まずページ名は何がよかろうということで、「人生」というのを奨めてそれに話が決まった。早速にそれを書けといわれて机上の紙に筆で書いて渡した。それが木板カットになり現在に至るまで同ページのシンボル・マークになっている。祖浜さんはその時、わたしにも毎号何か書いてほしいと申し出られたので、仏教語の読みやすい随想風な短文の連載を約束した。そしてそのコラム名も『ぶつごすんげ』というのにした。ぶつごは仏教語の略、すんげは「寸解」という意味で、手短かなわからせようのことである。それにしても無方針ではかえって長続きはしまいと考え、最初には大体、仏法僧の三宝の順でその趣意に合ったことばを選ぶことにし、まず「如来」（仏）、「因縁」（法）等の順でかかってみた。けれどもその通りにはいかず、つい三宝からははみ出した雑の部類のものが多くなった。ただ有難いことに号を重ねるごとにこれを愛読して下さる方がふえ、中には切抜きをして下さるやら、さらに近年には綴って一冊の本にしてほしいという要望の声さえ多くなっていた。

首尾よく「人生」のページがスタートしたのは昭和四十七年四月で、毎水曜朝刊に含まれてこれが配達されるにつけてのわたし自身の願いは、その朝だけなり浄水で洗面ののち、神仏への祈り心の中からの紙面への眼とどきであってほしいということであった。また仏教語の難解さについては関係者の努力にも責任のあることながら、時代と社会の動きを考え青少年の教育の度合いも考慮した表現もいることとして、つとめて親しみ易さに加えて学問的真実をということでわたしも微力ながらできるだけの用意をして続けてきた。けれども次のしごともあることで、連載ちょうどまる十年になった機会に、昨年三月末で一応打切らせてもらった。そして同年秋、例年のごとく東本願寺の報恩講に参詣した帰途、法蔵館に西村七兵衛氏を尋ねた際、『ぶつごすんげ』集の出版依託を請われることになり、それがいま『仏教語入門』の名で世に出ることになった次第である。

宮本正尊先生から序文が頂けたのは、『ぶつげすんげ』登載の初回以来、その都度これを東京のお宅にお送りし続けていたご縁からでもある。学生の時から何くれとなくお世話になった老先生が、弟子中末席者のこうした出版に対しても深い愛情をもってご覧になっていられることを心から感謝感激している。

最後に法蔵館社長西村明氏と、とりわけこの編集に終始お骨折いただいた同社の吉岡司郎氏とに対し、心から御礼申し上げる。

昭和五十八年八月一五日

著者しるす

項　目　索　引

著者略歴

橋本芳契（はしもと ほうけい）

1910年、富山県に生まれ。1934年、東京大学文学部印度哲学科卒業。金沢大学教授、福井県立短期大学教授、北陸学院短期大学講師を歴任。文学博士。1978年紫綬褒章受章。

2001年4月、逝去。

主な著書として『維摩経の思想史的研究』（法蔵館）、『維摩経新講』（黎明書房）、『法句経に聞く』（教育新潮社）等。

新装版 仏教語入門

一九八三年 九月一〇日 初 版第一刷発行
二〇二一年一二月一五日 新装版第一刷発行

著 者 橋本芳契
発行者 西村明高
発行所 株式会社 法藏館
京都市下京区正面通烏丸東入
郵便番号 六〇〇－八一五三
電話 〇七五－三四三－〇〇三〇（編集）
〇七五－三四三－五六五六（営業）

装幀 山崎 登
印刷・製本 亜細亜印刷株式会社

ISBN 978-4-8318-6580-9 C0015